ENTRETIENS
SUR CE QUI FORME
L'HONNESTE HOMME
ET LE VRAY
SCAVANT.

Par M. DE LELEVEL.

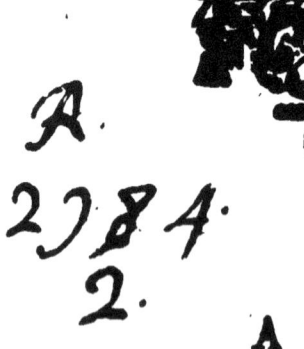

A PARIS,
Chez EDME COUTEROT, ruë S. Jacques,
au bon Pasteur.

―――――――――
M. DC. XC.
AVEC PRIVILEGE DU ROY.

PREFACE.

CE qui m'a déterminé à donner au public ces nouveaux Entretiens, c'est qu'entre les Ouvrages qu'on a faits sur la même matiere, je n'en ai vû que de deux sortes; les uns remplis de belles maximes: mais où l'on a omis bien des choses qui m'ont paru fort importantes; les autres où les Auteurs se peignent eux-mêmes, & leurs propres inclinations. Ou ce sont des devots mal éclairez, ou des hommes attachez à leurs interêts, ou dès esprits mondains

PREFACE.

qui veulent faire leurs semblables des autres hommes.

S'il est vrai que l'on n'ait que de ces deux especes de Livres sur l'éducation de la jeunesse, l'on approuvera peut-être le dessein que j'ai eu de suppléer à ce qui manque aux premiers; & de remedier aux desordres que les derniers peuvent causer.

Mon grand principe est que le vulgaire est dans l'erreur; & qu'ainsi pour donner une bonne forme à l'esprit, il faut le faire penser & juger autrement que le vulgaire. Je sçay qu'on est charmé de l'esprit de certains enfans; & qu'on le regarde communément comme le fruit d'une bonne éducation: Mais on prend un peu d'imagination pour de l'esprit;

PREFACE.

& on ne veut point se détromper par l'experience qui montre que ce premier feu tombe, & que souvent la stupidité lui succede.

Je tâche ici à remettre l'esprit corrompu par le peché dans sa disposition naturelle. Je le rappelle autant qu'il m'est possible, à ses veritables idées; & je ne songe qu'à rétablir en lui ce qu'on appelle le bon sens. Tout le monde pretend l'avoir, & en pouvoir donner les regles. Mais je ne considere pas cela. Je porte le remede où je croi qu'il est necessaire.

Par le même principe je ne donne point dans l'universalité des sciences. Je ne propose que celle qui peut nous faire connoître à nous-mêmes, & nous unir à Dieu: je ne rejette

PREFACE.

pas neanmoins celles qu'on appelle sciences humaines : mais j'en modere l'usage, & l'on reconnoîtra qu'elles ne peuvent être que nuisibles, si elles ne servent pas à tourner l'esprit vers les veritez qui lui sont essentielles. On jugera mieux de mes Entretiens en les lisant, que par les choses que j'en pourrois dire.

TABLE
DES ENTRETIENS
contenus dans ce Volume.

PREMIER ENTRETIEN.

IDée generale d'une bonne éduca-tion, Page 1. & 2. *Le bon exemple est necessaire*, 3. & suiv. *La maniere d'éloigner le vice*, 7. 8. 9. & 10. *Comment il faut corriger les enfans*, 11. 12. 13. & suiv. *La connoissance de l'homme est necessaire pour les conduire*, 17. & 18. *Il faut tromper leur amour propre*, 22. *On ne peut les rendre parfaits*, 24. & 25. *Défaut general où l'on tombe dans cet éxercice*, 26. 27. & 28. *Suites de la bonne éducation*, 29. & 30.

ã iiij

TABLE

II. ENTRETIEN.

On fait voir la distinction de l'ame & du corps, 31. 32. *Qu'il n'y a que l'ame capable de connoître & de sentir*, 33. & suiv. *Que Dieu seul agit en elle*, 36. 37. 38. & suiv. *L'on conclut qu'il ne faut craindre & aimer que Dieu*, 49. & 50. *L'ignorance des hommes à cet égard*, 51. 52. & 53. *Leur erreur*, ibid. & suiv. *Avantage de ceux qui se connoissent*, 58. 59. & 60.

III. ENTRETIEN.

On fait voir que la nature est corrompuë. 62. 63. *Que nous avons besoin d'un Reparateur*, 64. & 65. *Que l'état de souffrances lui convenoit*, 66. 67. & 68. *Que les plaisirs sont défendus aux pecheurs*, 69. 70. & 71. *Que la grace seule nous peut guerir*, 72. & 73. *La cause de l'irreligion & de l'impieté*, 75. 76. 77. *L'union avec Jesus-Christ établit*

DES ENTRETIENS.

l'ordre par tout, 78. & suiv. Caractere de verité dans l'Eglise Romaine, 83. 84. 85. & 86. On montre la necessité des Sacremens, 87. Ce que c'est qu'adorer Dieu en esprit & en verité, 88. 89. & suiv.

IV. ENTRETIEN.

On fait voir que nous sommes faits pour le Ciel, 99. & 100. Qu'il faut combattre les passions, 102. & suiv. Il faut mesurer les divertissemens des enfans, 107. 108. & 109. La maniere de les instruire sur l'amour du prochain, 111. & suiv. Et sur les jugemens qu'on doit porter des créatures, 118. 119. 120. 121. & 122. La cause generale des desordres du monde, 123. Les Chrêtiens ne doivent apprendre la morale que dans l'Ecriture sainte, 124. & suiv.

V. ENTRETIEN.

La maniere d'abbattre l'orgueil & la colere des enfans, 129. 130. 131. 132.

TABLE

& suiv. *D'éloigner l'esprit de raillerie piquante*, 136. 137. *De leur donner de l'horreur de la médisance, de l'avarice & de l'impureté*, 141. & suiv. *Comment il faut leur apprendre le monde*, 152. 153. 154. *Les fruits d'une éducation Chrétienne.* 159. & 160

VI. ENTRETIEN.

L'usage des Mathematiques, 163. & suiv. *Il ne faut pas trop éxercer l'imagination, ni trop remplir la memoire des enfans*, 170. *L'usage des Langues*, 171. & suiv. *Celui de l'Histoire*, 178. 179. &c. *La vraïe politique*, 184. 185. & 186. *Ce qu'il faut éviter dans la lecture des Auteurs prophanes.* 189

VII. ENTRETIEN.

La bonne & la mauvaise Poësie, 193. *Les effets de la Comedie*, 195. 196. & 197. *L'usage des Poëtes*, 198. 199. & suiv. *Celui des Ora-*

DES ENTRETIENS.

teurs, 206. *La fausse éloquence*, ibid. & suiv. *Comment on acquiert la veritable*, 210. 211. 212. *Comment on devient Philosophe*, 214. 215. 216. & suiv. *Les effets des fausses études*, 222. 223. & suiv.

VIII. ENTRETIEN.

Les éxercices de corps sont necessaires, 228. 229. *D'où vient qu'ils plaisent tant aux jeunes gens*, 229. 230. *Les maux qui en arrivent*, 232. *Moïen de les éviter*, 235. & suiv. *Ce qui est necessaire pour voïager utilement*, 239. *Le danger qu'il y a d'élever trop délicatement les enfans*, 240. 241. *L'ordre essentiel de leur éducation*, 243. 244. 245. & suiv. *Dieu se contente de ce que nous pouvons faire*, 248. *L'importance de pouvoir occuper son esprit des choses pour lesquelles il est fait*, 250. 251. 252. & 253.

TABLE, &c.

RÉPONSE

De Theodore à une Lettre de Theotime, qui le consultoit sur les instructions qu'il faloit donner à un de ses enfans qu'il destinoit à l'Eglise. 255 & suiv.

Fin de la Table.

ENTRETIENS
SUR CE QUI FORME
L'HONNESTE HOMME
ET LE VRAY SÇAVANT.

PREMIER ENTRETIEN.

Idée generale d'une bonne éducation. Le bon exemple est necessaire. La maniere d'éloigner le vice. Comment il faut corriger les enfans. La connoissance de l'homme est necessaire pour les conduire. Il faut tromper leur amour propre. On ne peut les rendre parfaits. Defaut general où l'on tombe dans cet exercice. Suites de la bonne éducation.

EUGENE. DIeu m'a donné un fils, vous le sçavez, Theodore, je voudrois

A

bien en faire un honnête homme. Comment croïez-vous que je dois m'y prendre ?

THEODORE. L'éducation de vôtre fils est un ouvrage digne de vous. C'est de là que dépend vôtre consolation & son bonheur. Mais si vous y voulez réüssir, détournez les yeux de l'usage ordinaire dans un point si important.

EUGENE. Je ne puis mieux faire, ce me semble, que de l'élever dans la pieté, & dans les belles lettres.

THEODORE. J'en demeure d'accord. Mais il y a une pieté solide & éclairée qui se soûtient toûjours ; & une fausse pieté qui tombe d'elle-même : il y a des sciences qui perfectionnent l'esprit ; & il y en a qui le gâtent.

EUGENE. C'est ce qui m'embarrasse. Je voudrois faire entrer mon fils dans l'esprit de la Religion par des raisonnemens qui luy fussent proportionnez, & qui le convainquissent en l'éclairant. Et je voudrois aussi qu'il n'apprît que les choses qui peuvent le rendre sage & heureux.

THEODORE. Il y a bien des gens qui souhaitent sincerement la même chose, & qui neanmoins gâtent leurs enfans, parce qu'à des paroles qui ne signifient rien, ils opposent des exemples qui portent toûjours coup. Mais pour éviter ce mal cherchons la corruption dans son principe & dans son progrés; & de là nous nous éleverons à la connoissance des choses qui peuvent nous rendre agreables à Dieu, & à ceux avec qui nous avons à vivre. En quel état pensez-vous que nous venons au monde ? Je vous parle comme si vous ne sçaviez pas des choses que vous sçavez peut-être mieux que moi.

EUGENE Je sçai bien que nous naissons avec le peché originel, qui nous éloigne de Dieu jusqu'à ce que nous soïons regenerez par le Baptême. Mais je ne sçai pas en quoi consiste ce peché.

THEODORE. On ne peut pas douter que ce qui nous éloigne de Dieu ne soit la privation de la justice : Mais la question est de sçavoir comment nous sommes privez de la Justice.

EUGENE. Ce que vous me

diriez là-deſſus ſeroit peut-être trop haut pour moi.

THEODORE. Ne craignez pas que je m'engage dans des queſtions trop difficiles. Je n'ai que deux ou trois choſes à vous demander. Quand la lumiere refléchit vers vos yeux, ne voïez-vous pas toûjours quelque couleur ? Dés que vous voulez remuer le bras, ne le remuez-vous pas ? Ne vous ſouvenez-vous pas d'un tel fruit que vous avez goûté ? d'un tel ſpectacle que vous avez vû ? Comment penſez-vous que ſe fait ce ſouvenir ?

EUGENE. Je ne ſuis pas Phyſicien. Mais je croi que ſi je voi des objets, & ſi je me ſouviens des choſes qui m'ont fait du plaiſir ou de la peine, c'eſt qu'il se forme des traces dans mon cerveau ausquelles répondent des sentimens de l'ame, selon l'institution de la nature.

THEODORE. Hé bien pensez-vous être le maître de ces traces?

EUGENE. Comment le serois-je? je ne les sens, ni ne les connois. Je sçai seulement qu'il y en a; & que souvent de petites parties du sang qu'on appelle esprits animaux, les réveillent sans ma permission.

THEODORE. Il est fâcheux que vous ne puissiez empêcher les effets de ces traces, quand il vous plaît. Devineriez-vous la cause de cette impuissance?

EUGENE. Quand on sçait qu'Adam & Eve ont peché, il n'est pas difficile de la deviner. Ces premiers pecheurs ayant perdu par leur desobeïssance le pouvoir qu'ils avoient sur leurs corps : & les corps des parens & des enfans ayant une liaison aussi étroite que celle qu'ils ont, il ne faut pas s'étonner si nous avons bien des pensées & bien des sentimens malgré nous. Car selon l'ordre naturel, l'ame doit être affectée selon les mouvemens qui se passent dans le corps.

THEODORE. Si nous ne sommes point maîtres des mouvemens de nos esprits animaux, ni par consequent des sentimens de l'ame qui en sont des suites, il est clair que pour conserver sa pureté il faut s'éloigner des objets qui font des traces dangereuses. Et par là vous voïez déja la necessité du bon exemple à des enfans. Autant de fois qu'on leur parle des choses dont le corps s'accommode, & qu'on leur presente les objets des passions, autant de fois on empêche le succés de leur éducation ; parce que les choses qui perfectionnent l'esprit n'ayant rien de sensible paroissent moins que rien lorsqu'on éprouve d'ailleurs des sentimens doux & agreables.

EUGENE. Que peut donc devenir un enfant entre les mains d'une femme qui met tout son talent à parler des vanitez du siecle, des dignitez, des charges, des marques de distinction & de faveur ausquelles elle destine son pupille ?

THEODORE. Cette femme pretend en faire un bon Chrêtien, parce qu'elle le fait prier

de Theodore & Eugene. 9

Dieu le matin & le soir. Ce pere paroît entêté de sa grandeur ; & par ses manieres fait entendre à son fils que les honneurs & les grands emplois de la Cour sont le souverain bien. Mais il lui recommande l'étude de la verité & de la justice. Cette mere a des airs dédaigneux, prend le haut ton, montre à son fils qu'elle est pleine d'elle-même & du rang qu'elle tient. Mais elle l'exhorte souvent à être homme de bien.

EUGENE Exhortations frivoles ! C'est comme si j'entendois prêcher que la vertu est quelque chose de beau ; mais qu'il faut contenter ses passions : qu'il faut donner son cœur à Dieu ; mais qu'il faut n'aimer que le monde : que la mort surprend les hommes ; mais qu'ils doivent vivre comme s'ils ne devoient point mourir. Franchement il y a bien peu de gens qui élevent leurs enfans en Chrêtiens. Mais s'il y a du defaut de la part des parens, n'y en a-t-il pas auſſi de la part des enfans? On en trouve avec de ſi mauvaiſes inclinations, que ni les bons exemples, ni la raiſon, ni la Religion ne peuvent rien ſur eux.

THEODORE. Les hommes grands & petits ont tous les mêmes inclinations : ce qui met de la difference entre-eux, c'eſt le plus ou le moins de vivacité ou de lenteur, qui fait qu'on doit pouſſer les uns plus, les autres moins. Mais il n'y a qu'une même regle en general, pour leur donner une bonne éducation.

EUGENE. Suppofons, Theodore, qu'un jeune homme ait un grand penchant pour tel ou tel vice. Faut-il s'y oppofer ouvertement ?

THEODORE Donnez-vous-en bien garde. Rien n'eft plus dangereux que d'attaquer ouvertement une paffion dominante. C'eft une emportée qui s'irrite & fe fouleve toûjours, qnand elle fent qu'on luy en veut.

EUGENE. Quel parti faut-il donc prendre ?

THEODORE. Il faut commencer, comme nous avons déja vû, par éloigner autant qu'on peut tout ce qui fortifie la corruption de la nature : & quand on a reconnu la paffion dominante, en bannir avec un soin particulier tous les objets, & en proposer qui reveillent quelqu'autre passion.

Eugene. Je croi avoir lû dans Tacite, que Burrhus & Seneque voulurent suivre cette maxime à l'égard de Neron.

Theodore. Que dites-vous? Ces deux aveugles Directeurs laissoient le Prince qu'ils gouvernoient dans un commerce criminel, pour l'empêcher, disoient-ils, de faire pis. Mais les Chrétiens ont d'autres regles qu'une politique toute humaine. S'ils veulent chasser une passion par une autre, c'est une passion criminelle par une qui ne soit pas dangereuse.

Eugene. Il faut pourtant que vous m'avoüiez que l'homme court toûjours où il trouve plus de plaisir.

THEODORE. Je l'entens bien ainſi. Mais c'eſt une neceſſité qu'une paſſion ſe ralentiſſe, lors qu'elle ne trouve rien qui l'entretienne ; & que le cœur n'étant point encore corrompu par les traces dont nous avons parlé, l'on ſçait choiſir les momens pour repreſenter à un jeune homme la dépendance de la creature, la fragilité des biens ſenſibles, la juſtice d'un Dieu qui voit tout, les biens & les maux de l'Eternité.

EUGENE. C'eſt encore à cet égard qu'on doit avoir de grands ménagemens. On voit des gens qui prêchent inceſſamment la jeuneſſe qu'on leur a confiée, & qui donnent des avis en tous tems & en tous lieux. Cela pourroit bien rendre la morale & la parole de Dieu endormante.

THEODORE. Il n'y a pas de meilleur secret pour rendre un jeune homme indocile, & lui donner du dégoût de la pieté, que de multiplier les corrections, & le moraliser à contre-tems.

EUGENE. Je conçoi fort bien qu'alors il regarde son censeur comme un homme de mauvaise humeur, ou bien gagé pour le prêcher. Mais quand est-il donc à propos de le reprendre, & de lui représenter ses devoirs ?

THEODORE. Quand son imagination est calme, & qu'il n'est point excité par quelque idée de plaisir. Alors on fait revenir adroitement ce qu'il a fait contre la bien-séance ou contre la charité : On lui en represente les suites, on lui apporte quelques exemples de generosité & de justice. Tout cela d'un ton qui ne sente point le maître ; & où il n'y ait pas l'ombre de passion.

EUGENE. Il est cependant quelquefois à propos d'en venir au châtiment. Et comment le châtier sans paroître un peu en colere ?

THEODORE. En ce cas je croi qu'un peu d'émotion n'a pas un mauvais effet, pourvû qu'on n'en soit venu là que parce qu'on a reconnu en lui trop d'opiniâtreté & de malice. Cet enfant ne raisonne pas encore. Mais il sent bien s'il a merité qu'on le châtie. Le sentiment qu'il a de sa malice n'empêche pas qu'il ne se plaigne d'abord. Mais il ne produit pas en lui de l'averſion pour celui qui le corrige. Il arrive tout le contraire, lors qu'on employe le châtiment pour des legeretez ou des ſaillies qui ſont les ſuites naturelles d'un ſang trop actif, ou pour certaines fautes qui viennent de défaut d'experience. Un enfant ſent alors qu'on lui demande plus qu'il ne peut donner, qu'on n'agit point avec lui par raiſon; mais par caprice. Il ſe rebute, il s'irrite contre tout ce qu'on appelle ſcience & vertu.

EUGENE. Ainſi tout l'art d'élever un enfant, conſiſte à faire un diſcernement éxact des fautes où il tombe par temperament, ou par ignorance, de celles où il tombe par malice. Je ſuis perſuadé que ſans ce diſcer-

discernement le maître court risque de s'attirer le mépris & la haine de son disciple, qui sentant l'injustice qu'on lui fait, croit être le plus éclairé des deux, & pouvoir faire des leçons. Il ne le regarde plus comme un homme capable de lui former l'esprit : mais comme un importun & un fâcheux, dont il ne songe qu'à se débarrasser. Voïons donc, je vous prie, ce qui est necessaire, afin de ne rien faire à contretems dans l'éducation de la jeunesse.

THEODORE. Il faut avoir la connoissance de l'homme, qui consiste à sçavoir de quelle maniere nos ames sont unies à nos corps, & ce qui doit arriver en consequence de cette union. Tous les hommes du

B

monde les plus fameux aſſemblez ſans cette connoiſſance, ne peuvent pas donner une bonne forme à l'eſprit d'un enfant. Il ne ſuffit pas d'être toûjours auprés de lui, de ne lui dire que de bonnes choſes, & de ne lui donner que de bons éxemples ; il faut encore être attentif à tous les mouvemens qu'il fait paroître, afin de changer de maniere ſelon qu'ils partent, ou ne partent pas de la volonté. Les enfans par la flexibilité de leur cerveau ont une ſi grande diſpoſition à recevoir les impreſſions des objets qui les frappent ; & leurs eſprits animaux ſont ſi agitez, qu'ils ont neceſſairement mille ſaillies involontaires, & pour leſquelles par conſequent on doit avoir de l'in-

dulgence. C'est cette indul‑
gence éclairée qui gagne le
cœur d'un disciple ; qui lui
inspire de la confiance & du
respect pour celui qui l'instruit
ou le gouverne ; qui produit
enfin d'aussi grands biens, que
l'indulgence ou la rigueur que
la raison ne conduit pas, pro‑
duisent de grands maux. Quoi
donc? Eugene, vous me parois‑
sez tout pensif.

EUGENE. Je pense au rava‑
ge que le peché a fait dans
l'homme. Car enfin la peine
que nous avons à bien élever
nos enfans, vient de la revolte
du corps contre l'esprit, fruit
funeste du peché !

THEODORE. Voila le mal‑
heur de nôtre condition. Par
la communication fatale qui
s'est faite de la corruption de

nôtre premier pere, nous naiſſons tournez vers les creatures, & remplis de ſentimens par rapport aux biens du corps. Tout le tems de l'enfance ſe paſſe ſans que nous puiſſions conſulter la raiſon. Il faut que d'autres la conſultent pour nous. Mais où ſont ceux qui la conſultent ? La plûpart des hommes ont un double peché originel, celui qu'ils apportent en naiſſant, & celui qu'ils contractent par le commerce du monde. Bien-loin de reconnoître les erreurs où le peché les a plongez, ils s'y nourriſſent, ils s'y affermiſſent par les choſes qu'ils ſe diſent les uns aux autres ; & par l'uſage des biens ſenſibles : même on en voit bien peu qui diſtinguent comme il faut, leur ame d'avec leur corps.

EUGENE. Il est pourtant necessaire de distinguer ces deux substances, & les interêts de l'une & de l'autre pour distinguer les vrais & les faux biens, l'erreur d'avec la verité.

THEODORE. Bon. On raisonne comme si la nature n'étoit point corrompuë. On a pour guide une experience sans lumiere ; & on s'imagine qu'à force d'entasser de vieilles sentences, on éclairera un esprit à tout moment entraîné par le corps, & qui ne peut attacher aucune idée à tout ce qu'on lui dit.

EUGENE. Cela me fait quasi desesperer, de trouver des gens propres à élever mon fils. J'en connois assez dont les mœurs sont reglées, qui sçavent du

Latin & bien d'autres choses: mais je n'en connois pas qui marquent avoir assez fait usage de leur esprit, pour s'élever au dessus des préjugez qui aveuglent le commun des hommes.

THEODORE. Ceux-là sont rares; mais on en trouve. Il est plus difficile d'en trouver qui sçachent surprendre l'amour propre. Car les enfans aussi-bien que les hommes faits, sont tellement corrompus, que si l'on n'interesse leur amour propre on ne peut rien gagner sur eux. Et si l'on veut qu'ils reçoivent la verité avec plaisir, il faut faire en sorte en la leur découvrant qu'ils croyent l'avoir découverte par eux-mêmes.

EUGENE. J'entrevoi comment cela se peut faire. Il faut les interroger par degrez, leur faciliter les réponses ; & en suite leur témoigner qu'on est content.

THEODORE. Justement. Comme alors ils regardent la verité comme leur propre ouvrage, il fait bon leur en faire voir les consequences. Un petit discours vif & touchant est alors de saison, & produit un bon effet.

EUGENE. Tout cela est bien general, Theodore, il faut que nous nous en entretenions un peu plus en particulier.

THEODORE. J'y consens. Mais souvenez-vous de ce principe que vous sçavez si bien. Que nous naissons sous la tyrannie de nôtre corps ; que par cette dépendance les objets des sens font des traces profondes dans nôtre cerveau, qui nous font perdre de veuë tous nos devoirs ; que c'est de là que naissent toutes les mauvaises habitudes de la jeunesse ; & qu'un homme ne la sçait pas gouverner, lors qu'il ne sçait pas l'éloigner des causes de ces traces dangereuses, ni faire diversion dans le cours des esprits animaux qui les renouvellent à tous momens. Ce n'est pas qu'on puisse rendre des enfans parfaits. Ils sont si dépendans de leur corps, qu'on ne peut empêcher qu'il ne se forme toûjours plus de traces dans leurs têtes, qu'on ne leur en peut faire éviter, ou qu'on ne peut en détruire par beaucoup de soin & de travail. Mais du moins on diminuë leur

leur corruption : & on fait en sorte qu'il leur reste assez de liberté d'esprit, pour reconnoître ce qu'ils sont, ce qu'ils doivent à Dieu, à leur prochain, & à eux-mêmes.

EUGENE. N'est-ce pas tout ce qu'on peut souhaiter. Dans un sens ce n'est pas un mal de porter en soi-même un poids qui resiste à la Loi de Dieu. Le mal est de se laisser entraîner à ce poids ; & de ne songer pas seulement à se relever. Que de patience, que d'adresse, que de lumiere il faut avoir pour travailler avec succés à l'éducation des enfans !

THEODORE. C'est de là que dépend tout l'ordre de la vie humaine, & le salut des Chrêtiens. Il ne faut pas s'étonner si cela demande plus d'application & de talent que tout autre emploi.

Eugene. On n'y fait point de reflexion, Theodore. Je fremis quand je voi des perfonnes du premier ordre ne demander autre chofe, finon qu'on infpire à leurs enfans des manieres fenfibles, je ne fçai quels airs affectez, & qu'on les accoûtume à un langage qui n'a qu'un faux brillant. Je ne fuis point furpris aprés cela, qu'il y ait fi fi peu de religion dans le monde, & que la verité & la juftice en foient bannies.

Theodore. Il faut convenir neanmoins qu'il y a des parens qui font leur poffible pour faire aimer la Religion à leurs enfans, & qui n'épargnent rien pour leur rendre l'efprit jufte & le cœur droit.

EUGENE. Je le sçai. On retient ces enfans, on s'oppose à leurs passions. On leur dit ce qu'ils doivent être. Mais il y manque quelque chose. On ne les éclaire pas : je veux dire qu'on ne les éleve pas dans ces principes qui répandent dans l'esprit la lumiere & la conviction. Je sçai bien que ces principes ne nous guerissent pas de la concupiscence, de ce poids de peché qui est en nous. Mais ils nous découvrent ce que nous sommes, & ce que nous devons à Dieu. Cette lumiere nous inquiete dans le desordre, elle nous rappelle, elle fait que nous nous condamnons nous-mêmes, & que nous sommes toûjours dans le trouble jusqu'à ce que nous nous soïons reconciliez avec nôtre Juge. Ce qui eſt le plus grand bien qu'on puiſſe acquerir par les voyes naturelles.

THEODORE. C'eſt à dire, que ſi l'on voit des enfans pour l'éducation deſquels on avoit pris toutes ſortes de ſoins, oublier dés qu'ils ſont à eux-mêmes les inſtructions qu'on leur avoit données, & courir au déreglement; cela vient de ce qu'on leur avoit parlé ſans ſe faire entendre, & qu'ils n'avoient compris autre choſe ſinon qu'on vouloit les contraindre, & s'oppoſer à leurs plaiſirs. C'eſt ma penſée, auſſi-bien que la vôtre : mais penſez-vous que la foi & les autres graces qui en ſont les ſuites, ne ſuppléent pas abondamment cette lumiere ou ce diſcernement que vous demandez ?

EUGENE. La grace de Jesus-Christ peut tout dans une ame, mais la distribution de cette grace ne dépend pas de nos volontez. Dieu la donne à qui & quand il lui plaît : au lieu qu'on peut en tout tems vivre de raison, & éviter par conséquent une infinité de maux que les insensez attirent sur eux. Car enfin la mauvaise éducation de la jeunesse est la source non seulement de tous les scandales que nous voyons, mais encore des desordres de la vie civile. Si l'on avoit par éxemple une juste idée des vrais & des faux biens, on rendroit à Dieu ce qui lui appartient ; & nous ne verrions point ni ces épargnes honteuses, ni ces dissipations qui causent la ruine des familles les plus puissantes. On ne s'aviseroit pas de porter envie à son voisin; on mettroit chaque chose dans son rang, & l'on feroit l'usage qu'on doit faire des biens de la fortune.

THEODORE. Tout cela ne se peut contester : mais il faut entrer un peu davantage dans le détail des choses qui sont necessaires pour tourner les esprits vers les vrais biens, & pour empêcher le mauvais usage de ceux du corps. Nous nous retrouverons ici demain; & nous en parlerons. Adieu.

II. ENTRETIEN.

On fait voir la distinction de l'ame & du corps. Qu'il n'y a que l'ame capable de connoitre & de sentir. Que Dieu seul agit en elle. L'on conclut qu'il ne faut craindre & aimer que Dieu. L'ignorance des hommes à cet égard. Leur erreur. Avantage de ceux qui se connoissent.

EUGENE. Voyons Theodore, de quelle maniere nous pourrons faire comprendre à mon fils la distinction de l'ame & du corps : Car il me semble que la connoissance de cette distinction est la plus importante, & celle d'où toutes les autres dépendent.

THEODORE. Autant que cette connoissance est necessaire, autant il est facile aux enfans de l'acquerir, & difficile de la concevoir à ceux dont les préjugez ont esté fortifiez par l'usage des choses sensibles. Voici la voye par laquelle vôtre fils l'aura bien-tôt acquise. Qu'on lui demande, si lors qu'il veut quelque chose ou qu'il s'en souvient, il croit que c'est son corps qui veut ou qui se souvient ainsi. Il hesitera. Et pour le convaincre, que ce n'est pas son corps, prenez un morceau de matiere, & demandez-lui, si à force de tourner, de tailler, de presser, de tirer cette matiere, elle pourra vouloir, ou se souvenir de quelque chose.

EUGENE. Il n'y a pas de doute, que cela lui fera comprendre d'abord qu'il est composé de deux parties ; l'une qui peut recevoir divers mouvemens & diverses figures ; l'autre qui veut & se souvient. Mais il se passe en lui des sentimens qu'il rapporte toûjours au corps. La difficulté est de l'instruire là dessus.

THEODORE. Continuez à tourner entre vos mains ce morceau de matiere ; & demandez-lui s'il croit que quelque figure ou quelque mouvement qu'on lui donne, il peut devenir capable de souffrir quelque douleur, ou de goûter quelque plaisir ; & vous verrez qu'il conviendra que quelque changement qui arrive à un corps, il ne sçauroit avoir de sentiment.

EUGENE. Jusques-là rien n'est plus facile à découvrir. Mais un enfant qui sent de la douleur au bout d'un doigt, a bien de la peine à croire que ce doigt soit insensible.

THEODORE. Il ne faut sur cela l'avertir que d'une chose, qu'il est necessaire qu'il rapporte la douleur à la partie qui est blessée, afin qu'il y apporte le remede ; que l'Auteur de la nature l'a ainsi reglé pour la conservation du corps : qu'ainsi rien ne peut l'empêcher de croire que la matiere ne peut sentir.

EUGENE. Il n'en faudroit pas davantage, si cet enfant étant delivré de l'erreur où l'on naît à cet égard, il ne demeuroit pas dans une autre aussi dangereuse, qui est que la matiere peut causer en nous divers sentimens. Car étant frappé d'une lumiere vive & de mille couleurs differentes dés qu'il ouvre les yeux : étant charmé de ce qui se passe en lui lors qu'il

de Theodore & Eugene. 35

mange des confitures, ou qu'il entend un concert: & sentant de la douleur ou du plaisir, selon qu'il s'approche plus ou moins du feu ; comment ne croiroit-il pas que ces objets renferment en eux-mêmes ce qu'il éprouve, qu'ils lui communiquent leurs qualitez, & qu'elles agissent immediatement en lui ?

THEODORE. Pour le détromper & lui débarrasser l'esprit, faites-le souvenir de ce qu'il sçait déja, que la matiere de quelque maniere qu'elle soit tournée ou arrangée, ne peut sentir. Et montrez-lui que cela étant ainsi, il est impossible que ce soit le Soleil qui nous donne le sentiment de lumiere, ni que nous recevions ceux de couleur, de douleur & de plaisir de la part des objets qui nous environnent, d'autant que ces objets n'agissent que sur mon corps : c'est à dire, sur la partie qui est en moi incapable de sentiment.

Eugene. Rien n'est plus simple que cette methode. Je trouve qu'elle conduit insensiblement à reconnoître la puissance & la sagesse de Dieu. Car si nous ne recevons point nos sentimens des objets qui nous frappent, on pense d'abord, & il est aisé de le faire remarquer, qu'il y a une main invisible qui les produit, & que cette main est conduite par une sagesse infinie ; puisque dans un instant nous recevons tant de diverses sensations, & avec tant d'ordre & d'efficace. Il est vrai qu'on peut demander ce que font les objets. Mais on apperçoit bien-tôt, que n'étant capables que de figures & de mouvemens, tout ce qu'ils peuvent faire c'est de choquer nos corps ; & qu'à l'occasion des divers mouvemens qui sont des suites de ce choc qui se fait par des parties visibles ou imperceptibles, l'Auteur de la nature qui connoît son ouvrage & qui en fait ce qu'il luy plaît, produit en nous cette suite de sentimens qu'on ne sçauroit trop admirer.

THEODORE. On peut pousser les choses encore plus loin, & montrer à un enfant que la matiere d'elle-même est immobile. Car je lui dirois : Supposé que ce morceau de matiere se puisse mouvoir lui-même ; de quel côté ira-t-il ? Selon quel degré de vitesse se remuëra-t-il ? S'il rencontre quelque corps dans son chemin, que fera-t-il ? Vous voyez bien, dirois-je encore, que si cette matiere regloit bien ou mal son mouvement, il faudroit qu'elle eût de l'intelligence; & il est certain qu'elle n'en a pas. Vous sçavez que c'est un corps, qui même de sa nature est insensible.

EUGENE. Mais ne peut-il point venir dans l'esprit que cette puissance d'agir en nous, qu'on n'attribuë qu'à Dieu, pourroit bien aussi convenir à l'ame, qui se modifieroit (s'il est permis de se servir de ce terme) en plusieurs manieres differentes, & qui même donneroit le mouvement aux parties du corps qu'elle anime.

THEODORE. L'homme qui voudroit être le maître de tout ce qui le regarde, s'accommode affez de cette penfée. Mais on fera concevoir fans peine à un enfant, qu'elle fe détruit d'elle-même, en lui demandant s'il croit que ce foit l'ame qui fe caufe à elle-même de la douleur : & fi l'on peut faire des chofes que l'on ne fçait point faire. Vous voyez bien, Eugene, que cela n'entre point naturellement dans l'efprit. Je lui dirois, vous fentez de la douleur malgré vous. Vous voyez fouvent ce que vous ne voulez pas voir, vous entendez ce que vous ne voulez pas entendre. Ce n'eft donc pas vous qui caufez en vous-mêmes vos fenfations. De même une infinité de petits esprits se remuent dans vôtre corps, & pour causer le mouvement de vôtre bras coulent dans une infinité de petits canaux, & font joüer une infinité de ressorts. Connoissez-vous la quantité de ces esprits, ces ressorts, & ces canaux? Vôtre sang par sa circulation vous conserve la vie. Sçavez-vous comment se fait cette circulation, ce qui la retarde ou la precipite? Si vous ne sçavez pas comment se font toutes ces choses, vous ne pouvez pas vous attribuer à vous-même la puissance de les produire.

EUGENE. Voila des demonstrations qui me paroissent également courtes & faciles. Mais il faut étudier le tems & les occasions de les faire entrer

trer dans l'esprit d'un jeune homme. Car je croi que comme le vice ne se déracine que lentement; de même les veritez les plus importantes doivent être insinuées peu à peu.

THEODORE. On ne sçauroit sur cela donner de regle précise. C'est à la prudence d'un Precepteur à regler l'éxercice de son emploi suivant les circonstances où il se trouve avec son disciple.

EUGENE. Assurément c'est beaucoup qu'un enfant connoisse ainsi les proprietez des deux substances dont il est composé, & qu'il sçache qu'il n'y a que celui qui a fait nos ames & nos corps, qui puisse y produire quelque changement que ce puisse estre. Mais cet enfant qui veut & qui ne veut

D

pas, qui pense aux choses & qui s'en détourne quand il lui plaît, n'aura-t-il point bien de la peine à ne pas croire qu'il soit le maître de ses volontez & de ses connoissances?

THEODORE. Quoi! faudra-t-il lui dire, vous sçavez que vous ne sçauriez produire en vous aucun sentiment; & vous pensez y faire naître les idées que vous avez de tant de choses, & ce mouvement que vous avez vers le bonheur (car vous ne voulez jamais que ce qui est un bien, ou ce qui vous paroît un bien.) Dites-moy, je vous prie, comment vous faites, pour avoir l'idée d'un Château? Vous voulez y penser, je le sçai bien; mais cela suffit-il pour faire un modele?

Si cela étoit ainsi, vous seriez aussi puissant que Dieu même, qui par un seul acte de sa volonté a creé l'Univers. De même vous vous portez selon qu'il vous plaît vers telle ou telle chose. Mais si vous êtes le maître absolu de vôtre volonté ; d'où vient que vous ne pouvez vous empêcher de vouloir toûjours le bien, ou ce qui vous paroît un bien ? Accoûtumez-vous, mon cher enfant, à ne juger que de ce que vous sçavez qui se passe en vous. Vous voulez être heureux, vous n'en pouvez pas douter. Mais ne jugez pas que vous vous donniez cette impression vers le bonheur. Car il est clair que vous ne vous la donnez pas. Vous pensez à ce qui vous plaît; cela ne se peut contester. Mais ne croïez pas que vous vous donniez vos idées & vos connoissances. Car comment les trouveriez-vous en vous-même, vous qui vous ignorez vous-même ? Vous voulez, vous pensez; & Dieu agit en vous en conséquence de vos volontez & de vos pensées. Voila ce qui est indubitable, & où vous vous devez tenir.

EUGENE. Ces principes, Theodore, élevent merveilleusement l'esprit. Quand on y est bien affermi, on ne regarde plus la beauté des fleurs de la terre, la douceur de ses fruits, l'éclat du Soleil & de tous les Astres du Ciel, que comme l'action de Dieu. Toutes les creatures paroissent tenebreuses & impuissantes d'elles-mêmes, & on se fait une honte de s'y attacher. Quel avantage à un homme de ne se laisser point entraîner à ses sens, de s'élever au dessus de tout le sensible, de reconnoître que tout le brillant d'un Carrousel, l'harmonie des concerts, les spectacles de l'Opera, & tout ce qu'on appelle plaisirs sensibles ne sçauroit être l'ouvrage des hommes ; qu'ils peuvent bien par les idées que Dieu leur donne , & par le mouvement qu'il leur imprime arranger la matiere en plusieurs manieres differentes ; mais que ce n'est que de Dieu que nous recevons nos perceptions. Rien n'est si grand, rien n'est si noble que ce principe ; rien ne donne tant de force à l'esprit.

THEODORE. Quand vôtre

fils l'aura bien compris, accoûtumez-le à en tirer des conséquences. Dites-lui, par exemple : puisque Dieu seul peut nous donner des idées & des connoissances, ne voïez-vous pas la verité de cette parole de l'Ecriture, que nous n'avons qu'un Maître qui est dans les Cieux ; que les hommes ne sont que des moniteurs qui peuvent bien parler à nos oreilles, mais qu'il n'y a que Dieu qui puisse instruire nôtre esprit ; que nous ne sommes que tenebres à nous-mêmes ; qu'enfin rien n'est plus vrai que ce que dit l'Auteur de l'Imitation de Jesus, que nous ne sommes rien par nous-mêmes, que nous ne pouvons rien, que nous ne sçavons rien, &c.

EUGENE. Une preuve senfible que Dieu seul instruit nôtre esprit ne seroit pas inutile.

THEODORE. Faites-lui cette question. Avant que nous eussions visité les Ameriquains, pensez-vous qu'ils sçussent que deux & un sont trois ; qu'il ne faut point faire à un autre ce que nous ne voulons pas qu'il nous fasse ? Il vous répondra qu'ils n'avoient pas besoin de nous pour apprendre ces choses, parce qu'il suffit d'être homme pour les voir. Vous luy direz alors, ils les voyoient donc où nous les voyons nous-mêmes. Et où les voyons-nous tous, si ce n'est dans un objet qui éclaire tous les les esprits ? Il comprendra aisément que cet objet étant universel, ce ne peut être que Dieu même.

Eugene. Bon Dieu! que cela lui découvrira de choses en même tems! Il verra que nous sommes unis immediatement à Dieu : il verra que toutes les intelligences sont unies entr'elles par la participation d'un même bien qui les éclaire & qui les conduit ; que l'homme entant que raisonnable est veritablement l'image de Dieu, puisque c'est la lumiere de Dieu même qui nous éclaire sur nos devoirs, & où nous voyons ces sortes de veritez dont toutes les Nations du monde conviennent. Il verra que ceux qui n'agissent pas par raison se dégradent, & qu'ils rompent le lien de la societé. Mais ce qui me charme, me, c'est que cela le conduira insensiblement à l'intelligence de cette verité fondamentale de nôtre Religion, qu'il faut craindre & aimer Dieu. Car puisque Dieu seul est capable d'agir en nous, puisqu'il est le seul qui puisse nous rendre parfaits par sa sagesse & sa lumiere, heureux ou malheureux par la douleur ou les plaisirs ; qui pouvons-nous craindre & aimer si ce n'est Dieu ? Que cet enfant sera heureux, Theodore, s'il s'accoûtume dés ses premieres années à ne craindre que Dieu dans toutes les puissances de la terre, à n'aimer que Dieu dans toutes les personnes avec lesquelles il aura les plus grandes liaisons : je veux dire à tourner son esprit vers Dieu pendant que son corps se prosternera devant son Roi, à reserver pour Dieu tous les mouvemens de son cœur pendant qu'il donnera à ses proches les plus grandes marques de tendresse.

THEODORE. Vous voïez, Eugene, que cette maniere de montrer qu'il faut craindre & aimer Dieu, convainc l'esprit, le rappelle à la raison, & fait naître des remords & des reproches quand on tombe dans le desordre. Cependant on se contente de dire aux enfans qu'il faut craindre & aimer Dieu. On leur fait reciter tous les jours : *Ie croi en Dieu le Pere tout-puissant* : & on ne se met point en peine d'attacher des idées à ce langage. Il y a même bien des gens, comme je croi vous avoir déja marqué, qui pretendent que la foi leur suffit.

EUGENE. A la bonne heure s'ils ont une foi assez vive & assez accompagnée de l'onction sainte qui fait mettre en pratique toutes les veritez pour n'avoir pas besoin des connoissances que d'autres recherchent avec tant de peine. Mais l'experience n'apprend que trop que leur foi ne va pas loin, & qu'ils ne disent que des lévres qu'ils aiment & craignent Dieu, sans faire jamais aucune reflexion sur ce qu'ils font d'opposé à cet amour & à cette crainte. Je puis aussi-bien qu'aucun autre vous dire ce qui en est. Avant nôtre amitié, qui a beaucoup servi à mon instruction, non seulement je n'avois aucune idée sur mes devoirs envers Dieu; mais encore si j'en parlois quelquefois, c'étoit parce qu'on m'en avoit parlé, & que je voïois que c'étoit une coûtume reçûë que d'en parler. Je ne voïois point sur quoi étoit fondé tout ce qu'on en disoit. Aussi ne m'y attachois-je que comme à des choses qui ne me touchoient gueres.

THEODORE. C'est aussi le principe, je ne puis le dissimuler, de l'irreligion qu'on voit parmi les hommes. On n'est point touché de Dieu, parce qu'on ne sçait point les rapports que nous avons à lui, ni comment nous les avons. Ainsi quoique le Courtisan, l'homme d'affaires, le Marchand aillent à l'Eglise, & prient Dieu soir & matin, ils ne s'occupent neanmoins que des interests du corps, de l'établissement de leurs familles, des moyens d'acquerir des honneurs ou des richesses : & tout ce qui regarde l'éternité leur est de la derniere indifference ; ou bien ils ne croient de durable & d'éternel que ce qui est sensible.

EUGENE. Il me semble que ceux qui negligent la connoissance d'eux-mêmes meritent bien être abandonnez à eux-mêmes. Car quoi-qu'en rigueur la foi animée de la charité suffise pour nous faire observer toutes les regles de la justice ; on ne peut nier qu'il faut que la nature serve à la grace, les connoissances naturelles aux dons qui nous sancti-

E iij

fient. Il ne s'enfuit pas, Theodore, que tous doivent sçavoir comme vous la Philosophie Chrêtienne ; mais seulement qu'un chacun est obligé de faire un bon usage de son esprit, & de chercher la lumiere autant qu'il le peut, & que les obligations de l'état où il est engagé le lui permettent. En un mot l'éducation d'un enfant (car c'est de quoi il s'agit) me semble tres-mauvaise, quand on laisse son esprit dans ses erreurs & dans ses préjugez.

THEODORE. Quand cela lui arrive, fût-il né pour être le plus grand Prince du monde, il n'y a point de difference de son éducation à celle d'un païsan. Ils pensent & à quelques tours d'imagination prés, ils raisonnent l'un comme l'autre, à moins qu'on ne croie le mieux élevé celui qu'on a rendu extrémement sensible aux vanitez du monde, & dont on a beaucoup fortifié l'orgueil.

EUGENE. On vous dira que l'ambition & un peu d'orgueil est inséparable des choses ausquelles on destine les enfans de qualité. Mais je voi bien ce que vous m'allez répondre.

THEODORE. A quoi destine-t-on ces enfans ? N'est-ce pas à servir leur Roi, à travailler pour le bien du peuple, & pour le repos de la patrie ? Mais où trouve-t-on de plus puissans motifs de remplir ces devoirs que dans la presence d'un Dieu qui fait tout ce que les hommes ingrats s'attribuent à eux-mêmes, d'un Dieu qui punit en rigueur, & qui recompenſe au centuple. J'avouë que ſi l'on ne deſtine des enfans qu'à l'éclat des emplois & des honneurs, & qu'on n'enviſage que leur élevation, on fait bien d'animer leur orgueil, & de leur dire ſouvent qu'il faut avoir de l'ambition. Mais nous parlons ici de Chrêtiens, qui ne demandent pas les dignitez pour elles-mêmes, mais uniquement pour le bien public.

EUGENE. Ceux-là ne ſçauroient trop apprendre à trembler devant Dieu; car je ne conçoi pas d'autre moïen pour être intrepide devant les hommes. On peut quelquefois dans la chaleur du ſang affronter la mort ; mais cette diſpoſition toute ſeule ne dure gueres. On est sujet à bien des allarmes, quand on ne sent dans son cœur que de l'ambition & de l'amour propre. On peut alors faire grand bruit; mais il y a plus de crainte au dedans qu'il ne paroît de confiance au dehors. C'est que si l'on est possedé de l'amour des biens sensibles, il est clair que la mort qui nous les enleve tous est de toutes les choses la plus à craindre. Mais l'homme qui craint Dieu, qui ne se propose dans toutes ses actions que la gloire de Dieu, & qui n'attend que de Dieu seul sa recompense, se possede toûjours, court sans pâlir dans les dangers où il est necessaire de s'exposer ; & se dit sans cesse à lui-même : Ou la mort dans un instant rompra mes liens, ou du moins j'aurai la

Horæ momento cita mors venit, aut

joye d'avoir fait mon devoir devant Dieu.

victoria læta. Horat.

THEODORE. Vous concluez de là que le commencement de la sagesse c'est la crainte de Dieu, laquelle est inséparable de son amour dans ceux que la foi & la raison conduisent. Vous ne pouvez mieux faire pour rendre vôtre fils bon guerrier, bon politique, bon courtisan, bon à tous & à lui-même, que de lui donner le plus de motifs que vous pourrez de cet amour & de cette crainte salutaire.

EUGENE. Je ne doute plus qu'un enfant élevé dans la connoissance de la distinction de l'ame & du corps ne fasse un juste discernement des biens qui conviennent à ces deux substances; qu'il ne voye que la vie de l'ame consiste dans la connoissance de la verité, & dans l'amour des biens éternels, comme celle du corps consiste dans la digestion des viandes, & dans la circulation du sang. Je ne doute point qu'il ne conçoive Dieu comme renfermant en lui-même toutes les beautez qui nous enchantent, & tous les biens que nous pensons recevoir des créatures ; qu'il ne reconnoisse encore son action continuelle dans ces ressorts, & dans ces mouvemens reglez que nous admirons dans l'Univers ; qu'il ne découvre une providence merveilleuse dans cette suite de mouvemens qui unissent les corps entr'eux ; dans cette suite de sentimens qui unissent les ames avec les corps ; & dans cette suite de pensées & de connoissances qui unissent les esprits entr'eux, & avec Dieu même; qu'il n'apperçoive le neant de tout ce qui n'est pas Dieu, & qu'il ne forme des jugemens conformes aux attributs divins. Mais c'est quelque chose de triste, que l'homme par là ne fasse autre chose que se distinguer de la bête ; qu'il demeure toûjours dans ses foiblesses & dans ses infirmitez ; qu'il voye le beau chemin, & qu'il n'y entre pas ; & que le moindre de cette multitude de sentimens qui se succedent sans cesse en nous les uns aux autres, soit capable d'éteindre, pour ainsi dire, la lumiere qui marche devant nous.

THEODORE. Assurément, Eugene, il faut quelque chose

de plus puissant que de simples connoissances naturelles pour guerir des cœurs corrompus comme les nôtres. Mais il faloit éxaminer ce qui fait l'homme raisonnable, & ce qui commence à rétracer en luy l'image de Dieu, avant que de chercher ce qui acheve cette même image : je veux dire ce qui nous unit étroitement à Jesus-Christ.

Eugene. Ce sera donc demain que nous nous entretiendrons de la maniere dont il faut instruire mon fils, des rapports que nous avons avec ce divin Reparateur.

III. ENTRETIEN.

On fait voir que la nature est corrompuë. Que nous avons besoin d'un Reparateur. Que l'état de souffrances luy convenoit. Que les plaisirs sont défendus aux pecheurs. Que la grace seule nous peut guerir. La cause de l'irreligion & de l'impieté. L'union avec Jesus-Christ établit l'ordre par tout. Caractere de verité dans l'Eglise Romaine. On montre la necessité des Sacremens. Ce que c'est qu'adorer Dieu en esprit & en verité, &c.

EUGENE. J'Eus hier au soir une occasion de montrer à mon fils que la nature est corrompuë, & qu'il est absolument necessaire que nous ayons un reparateur qui nous reconcilie avec Dieu.

THEODORE. Cette leçon est d'une grande importance ; & c'est avoir beaucoup fait que d'y avoir preparé l'esprit d'un enfant. Je me difpofois à vous dire quelque chofe là deſſus : mais je fuis bien-aife que vous m'ayez prévenu.

EUGENE. Cet enfant fit quelque chofe qui n'étoit pas bien, & je m'apperçûs qu'il eut peur qu'on ne le viſt. Je l'appellai, & je lui dis : Sçavez-vous pourquoi, vous craignez qu'on ne voye une chofe que vous êtes bien-aife de faire ? N'eſt-ce point parce que vous ne l'approuvez pas ? Mais d'où vient que vous n'approuvez pas ce que vous faites avec plaifir ? N'eſt-ce point parce qu'il y a en vous un efprit de revolte oppofé à la raifon ? Il comprit fort bien, que fi tout étoit d'accord en lui, il approuveroit tout ce qu'il feroit, ou qu'il ne feroit que ce qu'il approuveroit.

THEODORE. Il n'en falloit pas davantage, pour lui faire voir la necessité d'un Reparateur de la nature humaine. Mais pour lui faire voir de plus en plus la sainteté de la Religion que nous professons, dites-lui : Ne convenez-vous pas, que vous êtes un neant devant Dieu, puisque Dieu fait tout & que vous ne pouvez rien ? Ne demeurez-vous pas d'accord que le peché, dont la revolte que vous trouvez en vous-même, est une suite, vous a mis au dessous même du neant? Dans cet état, comment pourriez-vous par vous-même avoir accés à Dieu, dont la majesté le separe infiniment de tout ce qui n'est pas saint ? Mais pour sortir de l'embarras où je vous voi, rappellez le second article

du

du Simbole : *Ie croi en Iesus-Chrift le Fils unique du Pere.* Vous y trouvez une Perfonne divine, qui vient faire vôtre paix, & reformer l'ouvrage que le peché a corrompu. Il comprendra facilement, qu'il n'y a que la même puiffance qui a fait l'homme qui puiffe le reformer; que Dieu ne l'a laiffé corrompre que parce qu'il en fçavoit le remede; & que toute Religion qui ne reconnoît point JESUS-CHRIST, c'eft à dire une Perfonne divine unie à nôtre nature, pour nous mettre en état de paroître devant la majefté de fon Pere, eft abfolument fauffe.

EUGENE. Jufques-là l'on trouve un chemin affez uni. Mais il y aura peut-être plus de difficulté à lui faire comprendre, qu'il étoit à propos que Jesus-Christ paruſt dans le monde au milieu des miſeres qui nous environnent, dans une extrême pauvreté, ſujet aux contradictions, aux douleurs, & à la mort. Car les idées qu'on a de ces choſes ſemblent ſi oppoſées à celles qu'on a de la Divinité, toûjours accompagnée de gloire & de puiſſance, que les eſprits les plus fermes pourroient s'y trouver aſſez embarraſſez.

THEODORE. Pour juger de la conduite du Verbe divin, il ne faut pas tourner les yeux du côté de la Majeſté divine; il faut les rabattre ſur ſoi-même, & ſur l'état où le peché nous a reduits. Demandez à vôtre fils, ſi Jesus-Christ eſt venu dans le monde pour lui même ou bien pour nous; il vous répondra qu'il est venu pour nous tirer de l'esclavage, pour nous remettre en possession des biens dont nous nous étions rendus indignes en nous revoltant contre nôtre Createur. Car cet enfant n'ignore pas que nous sommes des pecheurs, & que Jesus-Christ est le Sauveur des pecheurs. Demandez-lui si des rebelles qu'on veut remettre en grace avec leur Souverain, ne doivent pas s'abaisser, s'humilier, souffrir toutes sortes d'épreuves, & s'éloigner de tout ce qui les revoltoit. Vous voïez bien, qu'il n'hesitera pas là. Je lui dirois en suite : Pensez-vous que celui qui vient enseigner les autres, doive joindre les éxemples aux paroles, & pratiquer ce qu'il enseigne ? Pensez-vous que celui qui est le chef d'une societé, doive tracer le chemin aux membres ? Vous verrez qu'il tirera de lui-même la consequence, qu'il falloit que Jesus-Christ souffrît, & que par les souffrances il entrast dans sa gloire.

Eugene. Cela sans doute justifie la sagesse de Dieu, & fait entendre que l'éclat des honneurs & l'abondance des richesses, ne peuvent être que des empêchemens au salut.

Theodore. Pour en convaincre entierement vôtre fils, demandez-lui si les plaisirs pour lesquels on souhaite les richesses, ne nous remplissent pas de nous-mêmes ; si les grandeurs humaines ne produisent pas en nous des sentimens d'orgueil, des mouvemens d'amour propre. Pressez-le, & lui dites : Mais un pecheur tel que vous reconnoissez que vous êtes, merite-t il des plaisirs ? Etes-vous fait pour vous occuper de vous-même ? N'est-il pas évident que la peine est duë au peché ; & que dés qu'on recherche ce qui flatte les sens, on s'oppose à la justice de Dieu ?

EUGENE. Mais s'il répondoit, que JESUS-CHRIST a satisfait pour nous, & que pourvû qu'on use avec moderation des biens de la nature, l'usage n'en peut être mauvais?

THEODORE. Accordez-lui cela. Mais expliquez-lui ce langage. JESUS-CHRIST a satisfait pour nous en ce sens, qu'il a donné de la dignité à nos souffrances, lesquelles jointes aux siennes & à sa mort, font un sacrifice de reconciliation absolument neceſſaire pour appaiſer la colere d'un Dieu ſaint & jaloux, qui ne peut ſouffrir le deſordre impuni. D'ailleurs, lui dirois-je, ſi par cette moderation qu'on doit avoir dans l'uſage des biens ſenſibles, vous entendez autre choſe qu'un entier détachement de cœur, qui vous en éloigne pour peu qu'ils vous détournent de Dieu, vous êtes dans l'illuſion. Car encore un coup, vous êtes un pecheur qui ne meritez que la peine, & non pas des plaiſirs. Si ce n'eſt pas un crime d'en goûter quelques-uns, c'eſt que Dieu connoît nôtre foibleſſe, & qu'il veut nous engager à conſerver un corps ſujet d'ailleurs à tou-

de Theodore & Eugene. 71.
tes sortes d'infirmitez.

EUGENE. Que ces veritez sont importantes ! Mais un enfant dont les sentimens sont extrémement vifs, que la moindre douleur effraïe, que le moindre plaisir emporte, peut-il entendre raison là dessus, & ne pas croire qu'on lui demande l'impossible, quand on lui dit qu'il faut qu'il se prive des plaisirs, & que tout ce qui est éclatant aux yeux du corps est dangereux pour l'ame ?

THEODORE. Il ne faut pas lui dire que tous les plaisirs sont injustes & dangereux. Comme son cœur en est esclave, & qu'il sent qu'on ne peut vivre sans en goûter, il faut lui montrer que Dieu sans détruire la nature remedie aux desordres des plaisirs sensibles. Je lui dirois : Si un poids vous emportoit d'un côté, que faudroit-il faire pour vous empêcher de tomber ? Ne faudroit-il pas de l'autre côté appliquer un autre poids qui vous remit en équilibre ? C'eſt ce que Dieu fait à l'égard de nos ames. Elles aiment invinciblement le plaiſir. Ceux de la concupiſcence nous entraînent. Que fait Dieu pour nous relever ? Il répand dans nos cœurs un plaiſir celeſte, en conſequence des merites & des prieres de Jesus-Christ. C'eſt ce plaiſir que nous appellons la grace medecinale & ſantifiante, qui nous donne du goût & de l'attrait pour les œuvres de penitence & de juſtice, & qui nous met en état de preferer Dieu à toutes choſes.

Eugene. J'avouë que cela
dévelope

dévelope parfaitement l'œconomie de la Religion. Par là l'on reconnoît que le peché tourne à nôtre avantage; parce que tous ces faux plaisirs qu'il produit dans nos cœurs, font la matiere d'une infinité de merites que les Saints acquierent en combatant par le secours de la grace, & qui les élevent à des degrez de gloire où l'on ne peut parvenir sans combat. Par là l'on voit l'union que nous avons avec Jesus-Christ; qu'il est nôtre Chef & que nous sommes ses membres; puisque c'est par lui que nous recevons le mouvement & la vie, ces heureuses influences qui nous font méprifer les choses de la terre, & qui nous donnent la forme necessaire pour participer à son Royaume.

G

Par là l'on voit que Dieu est également sage, puissant, juste & misericordieux, que nous sommes également foibles & coupables; mais que nous pouvons tout avec le Reparateur que sa clemence nous a preparé avant tous les siecles. Faut-il qu'on songe moins à remplir l'esprit d'un enfant de ces admirables veritez, qu'à lui charger l'imagination de mille phantômes ou terribles ou caressans. On lui fait des contes à ce pauvre enfant, qui lui affoiblissent le cerveau. On lui parle des biens du corps avec un air & des manieres qui font qu'il ne sçait faire usage que de ses sens, & qu'il se fait des idoles de tous les objets des passions. Si on lui parle de son état, de sa vocation, de Jesus-Christ dans lequel tout le monde subsiste, c'est d'une maniere si generale & si confuse, qu'il n'en peut être frappé, & qu'il voit bien qu'on ne s'en fait pas une affaire importante.

Theodore. Vous touchez la source de l'impieté si commune parmi ceux que le goût du siecle a corrompus. On ne leur a jamais fait comprendre ce qu'ils font, ni la sagesse de la conduite de Dieu à l'égard des hommes, ni la necessité d'un Reparateur, ni les rapports de la vie & du sacrifice de Jesus-Christ avec la sainteté de Dieu, ni la proportion des remedes qu'il nous a preparez avec les maux qui nous accablent, & les dangers qui nous environnent. On les a fermez, pour ainsi dire, à toutes ces connoissances ; & ils ont esté exposez à tout ce qui pique les sens & excite les passions. De là vient l'horreur qu'ils ont pour tout ce que la Religion demande, & qu'instruits par mille & mille sentimens qui se passent en eux, ils ne peuvent souffrir qu'on leur parle d'un Dieu mourant pour nos pechez. La Croix est une chimere dans leur esprit ; elle excite ou leurs railleries, quand ils sont de belle humeur ; ou leurs emportemens, quand on s'oppose serieusement à leurs desordres.

EUGENE. Vous faites-là le portrait de bien des gens que je connois. Tout aveugles & ignorans qu'ils sont, ils prennent des airs décisifs ; & avec une confiance prodigieuse, ils prononcent toûjours en faveur de la corruption. Ce qui est étrange, c'est qu'ils croïent avoir plus de bon sens & de lumiere, que tous ceux qui respectent la Religion; & que tout ce qui ne tombe pas sous leurs sens, leur paroît effectivement ridicule & fabuleux.

THEODORE. Que voulez-vous ? Ils jugent comme ils peuvent. Ils prennent le sentiment pour la lumiere. Voila le malheur de leur état, voila ce qui leur fait tout prendre à contre-sens, & changer le blanc en noir. Vous sauverez vôtre fils de ce precipice, en lui faisant souvent remarquer par l'opposition qui se trouve entre ce qu'il fait, & ce qu'il voit devoir faire, que la nature est corrompuë : en lui montrant la maniere dont nous sommes unis à nôtre Reparateur, & en le convainquant par des éxemples sensibles, qu'il assurera son bonheur & sa perfection à mesure qu'il s'approchera de Jesus-Christ. Vous ne pouvez pas, lui dirois-je, vous échauffer, si vous ne vous approchez du feu, parce que Dieu l'a établi pour cause naturelle de son action en vous, lors qu'il vous donne le sentiment de chaleur. De même pour obtenir les graces, dont vous avez besoin, il faut que vous vous adressiez à Jesus-Christ ; que vous l'invoquiez, & que vous vous unissiez à lui, puis qu'il est vôtre Mediateur, & que la grace ne vous est donnée qu'à cause de ses merites, & en conséquence de ses prieres. Il prévient les pecheurs : mais malheur à ceux qui ne sont pas fideles à sa grace, qui ne le cherchent pas aprés qu'il les a cherchez lui-même. Il les abandonnera ; & ils feront comme une terre malheureuse privée de la pluye du Ciel, & toûjours exposée aux ardeurs du Soleil.

EUGENE. Ce que vous me dites me donne une extréme joïe. Je m'imagine déja voir mon fils rempli de sa Religion, & méprisant tout ce qu'elle condamne. Je n'ai pas dessein de l'éloigner des emplois & des dignitez qu'on donne à ceux de sa condition ; mais je veux qu'il les merite sans s'en occuper, & qu'il y parvienne sans cette ambition qui anime les gens du monde. Je lui rappellerai souvent les veritez dont nous venons de parler, en lui disant que Jesus-Christ le Medecin de nos ames, ne nous a recommandé la privation des plaisirs, que parce qu'il sçavoit qu'ils sont contraires à nôtre santification ; que si la Sagesse éternelle dit anatheme aux riches, & maudit l'attachement aux biens de la fortune, nous ne sçaurions nous y attacher sans nous croire plus sages que la Sagesse même.

Theodore. Les belles leçons, Eugene ! Mais que vous trouverez de gens qui les desapprouveront. On dira que vous voulez faire un Moine, & non pas un homme du monde ; que cet enfant ne sera jamais propre à la societé, qu'il sera singulier dans toutes ses manieres, & qu'il ne se fera point d'établissement qui lui convienne.

EUGENE. Pourvû qu'il s'en fasse un dans le Ciel, je serai content. Mais vous sçavez bien que ceux qui parlent de la sorte sont des aveugles. Les passions des mondains peuvent être contraires à la societé; & nous voïons en effet qu'elles y causent mille troubles. Mais une vie chrêtienne n'y sera jamais contraire; elle établira la paix, la bien-seance, & l'union par tout où elle se trouvera. Car je sçai bien que JESUS-CHRIST est venu non seulement pour reconcilier les hommes avec son Pere, mais encore pour les rendre capables de societé entr'eux dans tous les états de la vie : & je sçai bien aussi que les regles qu'il nous a prescrites pour cela, ne sont pas moins infaillibles que ~~vines. Laissons-là, je vous pr~~e, ceux qui ne veulent vivre que pour le monde present ; & recherchons ce qui peut faire meriter à mon fils d'être reçû dans la grande societé qui doit durer autant que Dieu même.

THEODORE. La societé que nous devons avoir dans le Ciel se doit commencer ici bas. C'est encore dequoi il faut avoir grand soin de bien instruire vôtre enfant. Voici ce qu'il faut lui dire. Puisque JESUS-CHRIST est nôtre Chef & que nous sommes ses membres, il faut non seulement que nous foïons animez du même efprit que lui ; mais encore que nous vivions dans une communion exterieure qui faſſe voir que nous lui appartenons.

Eugene. Mais il y a tant de communions qui pretendent être celles que Jesus-Christ a fondées, comment faire connoître à un enfant la veritable ?

Theodore. Cela n'eſt pas trop difficile. Demandez-lui, ſi Jesus-Christ veille fur ſon Egliſe ; & ſi aprés l'avoir acquiſe par ſon ſang, on peut croire qu'il la laiſſe tomber dans l'erreur. Il n'aura nulle peine à vous répondre. Mais comment peut-on diſtinguer une Egliſe qui eſt dans l'erreur, d'avec celle qui conſerve la verité ? Il comprendra facilement que celle où l'on trouve une succession qui n'a point esté interrompuë, & des dogmes de laquelle on ne peut trouver les Auteurs, si ce n'est Jesus Christ ou les Apôtres, est la veritable. Car par quel autre caractere pourroit-on la distinguer ?

Eugene. Cela me fait entrevoir une maniere de le convaincre, que toute Religion separée de la Romaine est ridicule. Car comment se conduit-on, par exemple, dans la communion des Calvinistes, des Lutheriens, des Sociniens, & des autres ? Chacun n'y consulte que ses propres lumieres, & suit ce qu'il croit trouver dans l'Ecriture, qui leur parle à tous un langage different à

de Theodore & Eugene. 85
cause de leurs préjugez. Pensez-vous, dirai-je à mon fils, que cette regle soit sûre ? Vous voïez bien qu'elle ne l'est pas, puisque tous ces gens-là ne sçauroient s'accorder ? Par quelle voye croïez-vous donc qu'on puisse fixer les esprits, si ce n'est par une autorité à laquelle chacun soit obligé de se soumettre ?

THEODORE. Vous ne pouvez mieux faire, que de raisonner ainsi de tems en tems avec vôtre fils. Par là vous lui demontrerez non-seulement que l'Eglise Romaine, qui est la seule où l'on trouve cette autorité, est celle que JESUS-CHRIST a fondée, & où l'on trouve la verité ; mais encore qu'elle ne peut tomber dans l'erreur, parce que le moïen que Dieu lui a donné pour s'en garantir n'étant autre qu'une Tradition qui paſſe d'un ſiecle dans un autre ſous la direction de Jesus-Christ, eſt abſolument infaillible. Ce qui manifeſte encore la ſageſſe de Dieu, qui par une voie ſi ſimple exerce ſa providence ſur ceux que Jesus-Christ a ſantifiez.

Eugene. Ce n'eſt pas aſſez, Theodore, d'avoir montré à mon fils que l'Egliſe dans laquelle Dieu l'a fait naître eſt l'Epouſe de Jesus-Christ; il faut lui faire comprendre les avantages de ceux qui ſont renfermez dans cette divine ſocieté, & lui faire diſtinguer les abus qui s'y ſont gliſſez d'avec les veritez eſſentielles, qui en font la ſainteté & la grandeur.

THEODORE. Voici par quels degrez je pense que vous devez l'instruire. Demandez-lui si Jesus-Christ ayant établi une Eglise, n'a pas dû en la faisant dépositaire de sa parole lui laisser des moïens par lesquels les Fideles pussent être unis entr'eux & avec leur divin Chef; c'est à dire par lesquels ils pussent recevoir l'abondance des graces necessaires pour former en nous cet esprit de charité qui fait qu'on ne veut vivre que pour Jesus-Christ, & qu'on ne travaille qu'à se procurer les uns aux autres la possession des vrais biens. Par cette question vous lui ferez entendre la necessité des Sacremens, & que ce sont les canaux par lesquels l'Esprit de Jesus-Christ influë en nous,

& commence à nous donner une transformation divine.

Eugene. Une chose que je craindrois extrêmement, ce seroit que mon fils dans la suite, par la crainte du nom de devot, ne vint à négliger ces sources salutaires.

Theodore. Prenez garde aussi qu'il ne soit de ceux qui s'en approchent sans travailler serieusement à vaincre leurs passions. Rien n'est plus méprisable qu'une devotion que l'integrité des mœurs ne soûtient pas. Mais afin qu'il devienne un devot veritable & édifiant, donnez-lui les veritables idées de la Religion. Dites-lui, Dieu est Esprit ; comment ferez-vous donc pour l'adorer? Il est clair qu'il faut l'adorer en esprit & en verité.

Eugene.

EUGENE. Il n'entendra pas ce que c'est que cette espece d'adoration.

THEODORE. Expliquez-la lui en cette maniere. Vous sçavez que Dieu se reserve ce qu'on appelle dans l'homme le cœur & l'esprit. Comment l'adorerez-vous par l'esprit ? Ce sera, ce me semble, en vous formant de ses perfections toutes les plus hautes idées, dont vous soïez capable. Et vous l'adorerez de cœur en dirigeant vers lui tous vos mouvemens interieurs. Mais si vos jugemens dépendent de vous, les mouvemens de vôtre cœur pour les vrais biens n'en dépendent pas par les raisons que je vous ai souvent dites. Il faut donc chercher ce qui peut former en vous des habitudes contraires à celles de la concupiscence, qui vous entraîne vers les biens sensibles. Ce sera par l'usage des Sacremens que vous acquererez ces habitudes. Il est vrai qu'il faut que vous ayez déja le cœur contrit & humilié, lorsque vous en approchez. Mais ce sera dans ces divines sources que vous puiserez la perfection & la sainteté. Car Jesus-Christ les a établies pour cela. Ce que vous avez à craindre, c'est de vous en approcher par coûtume, & sans un desir sincere de combattre jusqu'à la mort vôtre passion dominante. Celui qui les reçoit souvent sans cette disposition est un Tartufe qui prend l'écorce pour la verité, & dont toute la Religion est illusoire.

EUGENE. Je ne doute pas qu'en inſtruiſant ainſi mon fils, on ne lui faſſe diſtinguer la vraie de la fauſſe devotion, & qu'il ne comprenne en même tems ſon bonheur d'être né dans une Egliſe, où le nombre des Sacremens eſt proportionné aux divers états où les hommes ſe trouvent. Cela marque la vigilance de JESUS-CHRIST ſur ſon troupeau, & une providence admirable. Rien n'eſt plus conſolant au milieu des ſectes qui nous environnent, que de voir qu'on s'y repaît de vaines ſpeculations, pendant que des ſources de graces nous ſont ouvertes de toutes parts. Il eſt certain que ſi l'on donnoit de bonne heure aux jeunes gens ces idées de JESUS-CHRIST, de ſon Egliſe, & de la pieté, on fermeroit les avenuës aux herefies; on n'entendroit plus tant de raifonnemens injurieux à Dieu & à fa providence. Le doute feroit banni, & tous les efprits feroient foumis à l'autorité legitime.

THEODORE Ajoûtez qu'on ne regarderoit plus la pompe & les ceremonies de nos Eglifes que comme des moïens de foûtenir l'efprit dans la confideration de nos Myfteres, & qu'on n'y borneroit pas fon attention, comme il arrive à tant de Chrêtiens mal inftruits. C'eft ce qu'on ne fçauroit trop repeter à vôtre fils, que tout ce qui frappe nos fens dans les Eglifes, le chant, les encenfemens, les inclinations du corps, les diverfes fortes de vêtemens n'ont point d'autre fin que de servir à élever nos esprits & nos cœurs, parce que Dieu est esprit, & qu'il veut être adoré en esprit & en verité. Je lui dirois, par exemple: quand vous entendez la Messe, croïez-vous faire assez d'y remarquer tranquilement tout ce que le Prêtre fait, ou d'y reciter quelques prieres à la veuë de ce qui se passe devant vos yeux ? Non: ce n'est point assez. Il faut pendant la Messe unir vos prieres à celles de tous les Saints, afin d'obtenir les fruits du sacrifice, que Jesus-Christ continuë d'offrir tous les jours par le ministere des Prêtres pour les pechez du monde. C'est cette foi qui doit animer vos prieres. Il faut pendant l'Office divin rentrer en vous-même, vous y confiderer tel que vous êtes, foible, impuiſſant, n'ayant de vous-même que le peché & le menſonge ; vous tourner vers la majeſté de Dieu & ſes miſericordes infinies, appeller Jesus-Christ à vôtre ſecours, & ſoûpirer vers les biens éternels.

Eugene. Je remarque que vous êtes d'avis que mon fils dans tous ſes actes de Religion ne perde jamais de veuë Jesus-Christ. Je croi auſſi que ſans cela il ne peut y avoir nul ordre dans la pieté.

Theodore. Oüi: Comme nous ne ſçaurions avoir accés à Dieu que par Jesus-Christ, il faut que vôtre fils ſçache que tout nôtre culte doit paſſer par lui. S'il prie les Saints, il faut que ce soit pour les rendre ses intercesseurs auprés de Jesus-Christ, l'unique Mediateur entre Dieu & les hommes; s'il jeûne, s'il se mortifie, il faut que ce soit pour se conformer à Jesus-Christ ; & s'il attend quelque secours, ce ne peut être que par l'entremise de Jesus-Christ. Qu'il s'en tienne là, & qu'il voye sans émotion cet interest bas & sordide qui regne dans l'Eglise, le déreglement des Pasteurs, le trafic honteux qui se fait des choses les plus saintes, la superstition, les scandales ; tout cela n'est point de l'Eglise. C'est le fruit de la corruption & de l'ignorance des hommes. Dites-lui : Pensez-vous que Dieu ne pût pas, s'il le vouloit, empêcher tous ces desordres ? Cependant il les souffre, c'est pour éprouver vôtre foi, & par cette épreuve augmenter vos merites. Dieu sçait bien parmi nos miseres achever son ouvrage ; & il viendra un jour que le bon grain sera separé de la paille.

EUGENE. Comment un enfant élevé dans ces principes ne prendroit-il pas l'esprit de la Religion, & ne s'éleveroit-il pas au dessus des opinions populaires ? Il n'y a rien là qui ne rabaisse l'imagination, & que la raison n'approuve. Tout y est lié, tout se suit, tout se soûtient. Il ne faut que venir pas à pas pour voir le ridicule des schismes & des impietez. Je vous avouë que c'est une extréme consolation pour moi de voir ainsi la raison dans le

parti

parti de ce que la Foi nous enseigne. Car enfin ce que la Religion nous propose de plus incomprehensible est une preuve de sa divinité, puisque des hommes ne pourroient pas s'être avisez d'établir des choses qui confondent l'imagination, & où la raison ne découvre rien sans la foi. Mais on ne fait point faire aux enfans usage de leur esprit. On ne leur apprend qu'une Religion exterieure : & comme dans la suite ils voient bien qu'elle ne suffit pas, ils méprisent tout, parce qu'ils ne connoissent rien. Toute Religion leur semble d'égale valeur ; & le moindre degré de fortune peut leur faire changer de culte. Les moins gâtez sont ceux qui demeurent dans leur Religion, parce qu'on leur a

I

toûjours dit, quoi-qu'ils n'y entendent rien, qu'elle eſt la meilleure.

THEODORE. Nous nous entretiendrons encore demain de la maniere d'inſtruire vôtre fils des deſſeins que Dieu a eus ſur nous dans l'établiſſement de ſon Egliſe, & comment nous devons vivre les uns avec les autres pour répondre à ces deſſeins.

EUGENE. Je vous en ſerai fort obligé, Theodore. Adieu.

IV. ENTRETIEN.

On fait voir que nous sommes faits pour le Ciel. Qu'il faut combattre les passions. Il faut mesurer les divertissemens des enfans. La maniere de les instruire sur l'amour du prochain. Et sur les jugemens qu'on doit porter des creatures. La cause generale des desordres du monde. Les Chrétiens ne doivent apprendre la morale que dans l'Ecriture sainte.

THEODORE. IL ne faut pas vous demander, Eugene, si vous faites souvenir vôtre fils, que nous sommes nez pour aimer Dieu, & pour le servir en travaillant à nôtre salut.

EUGENE. Il ne manquera jamais d'avertissement là-dessus. Mais voïons encore, je vous prie, ce qui peut l'affermir dans cet article fondamental de nôtre Foi.

THEODORE. Dites-lui. Ne convenez-vous pas, que Dieu ne connoît rien de plus grand & de plus parfait que lui ? Il ne peut donc avoir fait le monde que pour lui-même & pour sa gloire. Mais Dieu, qui est l'Etre infiniment parfait, peut-il se complaire dans un monde aussi rempli de desordres & d'injustices qu'est celui que nous habitons ? Vous voïez bien qu'il faut qu'il ait eu quelqu'autre chose en veuë. Cette autre chose c'est le monde futur, l'assemblée celeste des Prédestinez, fondée en JESUS-CHRIST.

EUGENE. Ne seroit-il point aussi à propos de lui faire remarquer les divers degrez par lesquels Dieu a voulu former cette divine societé. Il crée un monde materiel dans lequel il place les hommes. Il en separe un certain nombre, pour en compoſer une Egliſe, qui exprime par diverſes figures la ſainteté & l'excellence de l'Egliſe de Jesus-Christ. C'eſt la Synagogue des Juifs, qui étoit une preparation à l'Evangile: & enfin nous naiſſons avec Jesus-Christ dans la plenitude des tems, & il nous ouvre l'entrée de ſon Roïaume.

Theodore On ne ſçauroit trop repreſenter à ſon eſprit cette ſuite merveilleuſe. Il faut ſouvent lui faire des paralleles de la Religion des Juifs, de celle des Mahometans, & des autres avec la Religion Chrêtienne, afin qu'il reconnoiſſe le bonheur de ſon état, & d'exciter sa reconnoissance envers son Créateur. Mais sur tout qu'il apprenne que l'entrée du Roïaume que Jesus-Christ nous a ouvert, est semée de ronces & d'épines. Cette entrée s'appelle l'Eglise militante. Ce nom fait assez juger des obligations des Chrêtiens.

Eugene. Vous conviendrez, Theodore, que lorsqu'on parle de combattre les passions, toute la nature se revolte ; & qu'un enfant n'entend gueres ce langage.

Theodore. Il faut pourtant qu'il sçache qu'on ne peut être dispensé de ce combat. Tout ce que nous avons dit jusques-ici en prouve la necessité. Mais afin que vôtre fils s'y détermine, comparez souvent avec lui les societez que les hommes font ici-bas avec la societé des Saints dans le Ciel. Dites-lui : Vous voïez, mon cher enfant, qu'il n'y a rien de durable dans ce monde ; que tout s'y dissipe & s'y renverse, parce que l'imagination & les passions qui lient & entretiennent les choses humaines ne font pas un fondement assez solide. Au contraire, la societé à laquelle nous sommes appellez est éternelle, & incapable de changement ; parce que Dieu seul en est le lien, & qu'elle est l'ouvrage de sa toute-puissance. Croiez-vous ne devoir pas faire autant pour y arriver, que font les gens du monde pour être reçûs dans certains Corps, ou certaines Compagnies honorables. Regardez un Courtifan, contez fes veilles, fes affiduitez, fes contraintes, fes amertumes. C'eſt pour une vapeur qui difparoît dans un moment, & que fouvent on lui refufe, qu'il fe tourmente jour & nuit. Voudriez-vous être moins ardent pour un bien infiniment au deſſus de toutes les grandeurs de la terre, feul capable de remplir vôtre cœur & vos defirs ; & qui ne vous peut être refufé, fi vous fuivez la voye que Jesus-Christ vous a marquée ?

Eugene C'eſt fur la grandeur de ce bien qu'il eſt bon d'appuyer. Tout pecheur que vous êtes, dirai-je à mon fils, Dieu vous fait goûter à la prefence de quelques creatures des plaifirs qui vous charment

& qui vous transportent ; & cela pour vous engager à la conservation d'un corps corruptible & mortel ; que pouvez-vous donc penser de ceux qu'il produira en vous, lorsque vôtre ame sera toute pure devant ses yeux, & qu'il s'agira de recompenser des œuvres de justice ? Ce sera pour lors qu'au milieu d'un torrent de volupté vous aurez une connoissance parfaite de tout ce qu'il y a de plus grand & de plus caché, parce que vôtre foi sera changée en intelligence, & que la substance divine vous sera manifestée selon tout ce qu'elle est en elle-même.

THEODORE. Il n'y a rien de plus engageant que ces veritez. Mais quand vous les proposerez à vôtre fils, infinuez-lui toûjours qu'il n'y a point de victoire fans combat, ni de recompenfe fans travaux; que felon la loi inviolable de la juftice, la peine eft une fuite des plaifirs qu'on dérobe, ou dont on joüit fans les avoir meritez. Je lui dirois, mon cher enfant, JESUS-CHRIST n'eft pas feulement nôtre Chef & nôtre Mediateur; il eft encore l'Architecte du Temple celefte dont nous fommes les pierres vivantes fantifiées par fa grace. Voïez ce qui arrive à une pierre avant qu'on la place dans un édifice : on la taille, on la façonne, on la polit, elle paffe cent fois fous le marteau. Il faut de même que pour être placé dans les Cieux vous fouffriez en patience les contradictions de la vie, que vous vous opposiez aux desseins du corps, que vous combattiez sans cesse le déreglement de la nature.

EUGENE. Ah! Theodore, nous devrions en tous tems nous mettre ainsi devant les yeux l'alternative des deux éternitez contraires qui sont preparées aux justes & aux impies. Mais on est obligé de delasser l'imagination des enfans par tant de differens objets, à cause de la foiblesse de leur âge, qu'il ne leur reste plus d'attention pour des choses si serieuses.

THEODORE. Malheur à ceux qui leur remplissent la capacité de l'esprit par des objets trop grands & trop sensibles, ils les rendront esclaves des creatures. Je sçai bien qu'il faut que les enfans se divertissent, & qu'on doit les nourrir de la verité par des manieres caressantes, & d'un air qui n'ait rien de farouche: Mais les petits objets sont pour les petites personnes. Il faut leur chercher des amusemens qu'ils méprisent aprés s'y être arrêtez quelque tems; & sur tout éloigner ce qui peut leur faire entendre qu'ils tiennent un grand rang dans le monde jusqu'à ce qu'ils ayent été parfaitement instruits de leurs devoirs. Vous aimez, Eugene, vôtre fils comme un pere Chrétien le doit aimer; vous voulez moins écoûter sur son éducation la tendresse naturelle que la Loi de Dieu. Donnez-lui tous les divertissemens qui sont necessaires pour sa santé ; mais retranchez-lui ceux qui font de trop grandes impressions, & qui par consequent ne peuvent servir qu'à le détourner de la veuë des biens pour lesquels il est fait. Autrement vous cultiverez une terre ingrate, & vous aurez la douleur de voir que tous vos soins sont un travail inutile.

EUGENE. J'entens tout cela. Mon fils est né pour la societé éternelle. Il faut autant qu'il m'est possible, tourner vers là toutes les pensées de son esprit, & tous les mouvemens de son cœur. Et je voi clairement qu'il faut que je m'y prenne comme vous me le marquez.

THEODORE. De toutes parts

rappellez-lui le souvenir de cette divine & ravissante societé. Dites-lui : Quand vous voïez, mon cher enfant, les soins qu'on prend de tous côtez pour entretenir le culte divin; quand vous voïez les preparatifs qu'on fait pour solemniser les Fêtes ; quand les cloches retentissent de divers endroits, songez qu'on vous invite à la societé des Saints qui triomphent avec Jesus-Christ. N'est-ce pas être insensible que de ne pas avancer, lors qu'on est appellé en tant de manieres à une si grande gloire ?

Eugene. Je voi assez ce qu'il faut que je fasse, pour porter mon fils à travailler pour lui-même. Mais comme il doit travailler aussi pour les autres, qui doivent un jour composer avec lui la même societé : Examinons, je vous prie, la maniere dont on doit l'inftruire fur l'amour du prochain.

THEODORE. Demandez-lui ce qu'il veut dire, quand il dit qu'il aime Dieu. Il vous répondra, ou bien il demeurera d'accord que cela fignifie qu'il defire être uni à Dieu comme à la feule caufe de fon bonheur & de fa perfection : & cela lui fera comprendre d'abord, que l'amour dont on aime Dieu eft different de celui dont on aime le prochain, qu'on ne doit aimer que comme heritier du même Roïaume que nous attendons.

EUGENE. Cela montre auffi que fous le nom de prochain tous les hommes font compris, puis qu'ils ont tous droit à ce

Roïaume ; que ce que nous devons nous procurer les uns aux autres, ce sont les choses qui peuvent nous aider à y parvenir, & qu'en cela la mesure est égale pour tous les hommes. Mais un enfant qui se sent toûjours attendri pour certaines personnes dont l'humeur & les manieres l'accommodent, aura bien de la peine à croire, qu'il ne doive pas toûjours leur donner la preference en toutes choses : & jugeant par ses yeux, comment ne se portera-t-il pas vers ceux qui ont le plus de magnificence & d'éclat ?

THEODORE. C'est aussi sur quoi l'on doit être éxact à l'instruire. Demandez-lui, si la nature étant égale dans tous les hommes, il ne doit pas aimer également les grands & les

les petits, les proches & les étrangers. Il sera embarrassé, car il sent qu'il ne peut s'empêcher d'aimer les uns plus que les autres. Mais vous lui leverez la difficulté, en lui disant que ces mouvemens naturels ne sont pas mauvais, & qu'il n'est point blâmable, pourvû qu'il proportionne son estime, ses respects, ses démarches, au merite connu & au rang des personnes. Je lui dirois, par exemple, avez-vous plus d'estime pour un grand Seigneur brutal, que pour un païsan, dont la vie est reglée ? Il répondroit sans doute, qu'il estime davantage le païsan. Mais lequel des deux, ajoûterois-je, respectez-vous le plus exterieurement ? Il répondroit, que c'est le grand Seigneur.

Par là il comprendroit, ce me semble, que l'amour, le respect & l'estime, sont trois choses fort differentes; que l'amour ne se mesure point; que le merite personnel est la mesure de l'estime, & que le respect doit être proportionné au rang & à la qualité de ceux parmi lesquels nous vivons.

EUGENE. Je suis persuadé que de cette regle dépend tout l'ordre de la societé civile, & l'avancement de celle dont nous parlons. Mais il faut encore expliquer à mon fils, de quelle maniere il doit faire du bien à son prochain.

THEODORE. Qu'on l'entretienne ainsi. De quel usage pensez-vous que sont les richesses ? Leur acquisition vous semble-t-elle fort propre à faire des Saints ? Si bien loin de nous fantifier elles nous mettent en danger de nous perdre, il est évident que l'amour de ceux qui font à leurs amis de grands établissèmens est déreglé, quand cela n'a point de rapport au bien des ames. Comment faudra-t-il donc que vous vous comportiez à l'égard de vos domestiques, ou de ceux qui vous auront rendu quelque service considerable, quand vous ferez en état de les recompenser ? Il faudra proportionner la recompense à l'usage que vous pouvez juger qu'ils en doivent faire par rapport à leur salut. Il y a des gens avec qui on ne peut être trop liberal : mais il y en a, que l'on perdroit, si on faisoit plus que de les tirer de l'extréme misere.

Eugene. Voila donc une double obligation, dont il le faut convaincre, de soulager les miserables dans les besoins du corps : & dans toutes ses liberalitez & ses faveurs de n'envisager que la societé éternelle.

Theodore. Vous l'en convaincrez, en lui disant : D'où vient que Dieu vous a fait naître dans l'abondance des richesses, pendant qu'il en laisse tant d'autres dans une extréme pauvreté. Etes-vous d'une autre nature que cet homme qui vous demande l'aumône ? Vous voïez bien que Dieu étant juste, il faut qu'il vous ait moins fait le proprietaire que le dispensateur des richesses que vous avez entre les mains, afin que par ce moïen il y ait quelque égalité dans la condition de cet homme & la vôtre. Mais quels desseins pensez-vous que Dieu ait sur celui que vous voulez avancer dans le monde ? N'est-ce pas de l'établir dans le Ciel ? Vous vous opposez donc aux desseins de Dieu, si vos faveurs empêchent cet établissement. Si vous connoissez la verité & la sainteté de la Religion, faites part de vos connoissances indifferemment à tout le monde : elles sont avantageuses pour le salut : & sur tout donnez bon éxemple. Il y a de bonnes œuvres qu'il faut cacher : mais il faut toûjours faire voir qu'on est Chrêtien.

EUGENE. Il est vrai, Theodore, qu'une des choses que je desire le plus, c'est que mon fils n'ait point de ces amitiez humaines qui naissent de je ne sçai quelles veuës d'interest ou de plaisir. Elles font toûjours preferer les indignes, & elles sont la source des mécontentemens, & d'une infinité de desordres.

THEODORE. Vous voulez, Eugene, rendre vôtre fils parfait; & il le deviendra immanquablement autant qu'on le peut être dans l'état où nous sommes, si vous l'accoûtumez à aimer ou estimer chaque chose à proportion qu'elle est aimable ou estimable. Mais faites toûjours en sorte quand vous raisonnerez avec lui, qu'il regarde la raison comme un droit de sa nature ; & non pas comme une maîtresse imperieuse qui vient le fatiguer : autrement vous n'avanceriez pas.

EUGENE. Apprenez-moi donc encore la maniere de lui montrer quels jugemens il doit porter de toutes les creatures.

THEODORE. Montrez-lui un diamant auprés d'un moucheron ; & demandez-lui lequel il estime le plus de l'un ou de l'autre. L'éclat du diamant le fera juger d'abord en sa faveur. Montrez-lui en suite, que ce diamant n'est qu'une masse dont tout le brillant n'est qu'une reflexion de lumiere, & où l'on ne trouve rien à cela prés de plus admirable que dans les pierres qu'on méprise ; qu'au contraire ce moucheron est un composé de tant de liaisons, & de justes ressorts, que celui qui les connoîtroit parfaitement, seroit le plus sçavant homme qui fut jamais. Vous verrez qu'il hesitera. Hé bien ! lui dirois-je : Pensez-vous que Dieu estime plus ce moucheron que ce diamant ? Alors il n'hesitera plus. Car il verra bien que le moucheron represente davantage la Sagesse divine : & vous lui laisserez tirer la consequence, que si nos jugemens pour être justes doivent être reglez sur ceux que Dieu porte de ses ouvrages, c'est un déreglement d'esprit que d'estimer plus l'or, l'azur & les pierreries, que les insectes.

EUGENE. Parmi tout cela je ne doute pas qu'il ne voie bien
que

que ce seroit être insensé, que de quitter une pierre precieuse pour courir à une fourmi.

THEODORE. Dites-lui qu'il ne s'agit que de l'estime, & non pas de l'usage que nous devons faire des choses ; qu'il peut laisser-là les insectes qui l'incommodent, & se servir de l'or & des pierreries autant que la bienseance le demande, pourvû qu'il donne à chaque chose le rang qu'elle doit avoir dans son estime & dans son cœur. J'ai remarqué que vous avez un cheval qu'il est bien-aise de voir. Demandez-lui, s'il l'aime plus que le laquais qui le mene. Il sentira d'abord que cette disposition seroit un grand déreglement, parce qu'il sçait bien que le cheval n'est fait que pour porter le corps d'un homme ; & que le laquais a droit à l'heritage celeste que nous attendons tous.

EUGENE. C'est ce qu'on lui dit souvent, que la bassesse de la condition d'un domestique ne diminuë rien de l'excellence de son être ; que c'est être cruel que d'abuser de sa dépendance, qui n'est qu'une suitte de son innocente pauvreté : & que c'est être aveugle de ne pas voir, que sa fidelité à nôtre service trouvera tout autant grace devant Dieu, que les plus grands emplois dont nous nous serons le plus dignement acquitez.

THEODORE. Ne trouvez-vous pas qu'il est beau de considerer ainsi les creatures ; & du même point, d'où Dieu lui-même les regarde? Il est certain que puisque nous pouvons ainsi regler nos jugemens, nous pouvons devenir parfaits comme nôtre Pere celeste est parfait : c'est à dire, n'approuver que ce qu'il approuve, & avec le secours de sa grace n'aimer que ce qu'il aime.

EUGENE. Il est indubitable que tous les desordres du monde ont leur principe dans l'ignorance, où on laisse les hommes du prix & de la nature des choses qui nous environnent. On s'attache aux creatures, parce qu'on leur attribuë de la force & de la puissance à proportion qu'elles agissent sur nos sens, sans considerer ce qu'elles sont en elles-mêmes. Cela les fait craindre, cela les fait aimer, cela les fait eſtimer les unes plus que les autres : & ces divers mouvemens ſont ſuivis des injuſtices, des débauches, des impuretez, du luxe, des renverſemens des familles & des Roïaumes. Qu'il eſt important d'apprendre de bonne heure qu'en Dieu ſeul reſide la puiſſance ! que toutes les choſes que nous voïons ici bas n'en ſont que de foibles inſtrumens ; & que nos jugemens nous precipitent toûjours, quand ils ne ſont pas conformes aux ſiens.

THEODORE. Vous aurez une infinité d'occaſions de repreſenter à vôtre fils l'ordre de ſes devoirs. Mais afin qu'il ne le perde point de veuë, faites-lui lire tous les jours la ſainte Ecriture ; & faites-lui remarquer cet efprit d'ordre & de raifon qui regne dans ce Livre divin. Peut-être qu'il en comprendra mieux le langage par le fecours de fon éducation, que ceux qui ne font que lire des Commentaires.

EUGENE. A quoi penfois-je, Theodore ; je fongeois à faire lire à mon fils les offices de Ciceron, parce que je trouve bien des gens qui pretendent y trouver l'Honnête homme.

THEODORE. N'efperez pas le trouver dans les Païens. Les plus fententieux font les plus fuperbes, & ceux dont l'imagination eft la plus contagieufe. Leurs grands mots flatent nôtre orgueil, & nous laiffent dans les tenebres. Il faut avoir l'efprit ferme & au deffus des préjugez, pour lire fans danger la Philosophie Païenne. Où trouve-t-on de plus belles maximes que dans saint Paul ? Aime-t-on mieux être le disciple de l'orgueilleux Seneque, ou de l'ennuïeux Ciceron, que d'un Apôtre plein de l'Esprit de Dieu, & instruit dans l'école de la Sagesse éternelle ?

EUGENE. En effet, l'Ecriture sainte est le Livre des Chrêtiens : & je ne sçai pourquoi on le quitte pour aller apprendre la morale de ceux qui n'ont point connu la Religion, si ce n'est que l'Ecriture en nous apprenant nos devoirs, nous fait une loi de combattre nos passions dans leur principe, qui est l'orgueil, & de sacrifier les plaisirs presens ; au lieu que la morale des Païens s'accommode assez avec les sens & l'imagination. Je suis ravi, Theodore, que vous m'aïez fait remarquer l'erreur où les hommes sont à cet égard. Il viendra un tems que mon fils pourra examiner les raisonnemens des Philosophes. Mais pendant qu'il est jeune, je tâcherai à luy rendre familiere la parole de Dieu. Puisque Dieu lui-même nous a voulu parler, c'est avoir le goût trop mauvais que de chercher ailleurs que dans sa parole les instructions qui nous sont necessaires.

THEODORE. En faisant lire comme il faut le vieux & le nouveau Testament à vôtre fils, on lui apprendra tout ce qu'il doit sçavoir pour la vie future, & pour la vie civile. La

Sagesse éternelle y a marqué les devoirs de tous les états; ce qu'il y a d'utile & d'inutile dans les sciences ; ce qui peut nous rendre solidement heureux : Et l'on y trouve tant de grands exemples de la foiblesse des hommes, de la puissance de Dieu, de sa justice, de sa misericorde, d'une providence toûjours attentive à son ouvrage ; que si l'on a besoin de quelques autres Livres, ce n'est pas pour se perfectionner l'esprit, ni pour regler son cœur.

Eugene. C'est que vous supposez qu'on soit instruit des veritez de la Foi par l'autorité de l'Eglise; & qu'on ait reconnu les illusions dans lesquelles nous naissons. C'en est assez pour aujourd'huy.

V. ENTRETIEN.

La maniere d'abbatre l'orgueil & la colere des enfans. D'éloigner l'esprit de raillerie piquante. De leur donner de l'horreur de l'avarice & de l'impureté. Comment il faut leur apprendre le monde. Les fruits d'une éducation Chrêtienne.

EUGENE. PLus je fais reflexion sur les instructions que vous me donnez pour mon fils, plus je les trouve admirables. Mais cet enfant ne peut pas toûjours être dans sa chambre, ou seulement auprés de ceux qui sont chargez de son éducation : il faut qu'il voie les jeunes gens de son âge, qu'il se divertisse quelquefois avec eux, qu'il aille dans le monde. Et dans ce commerce combien apprendra-t-il de choses contraires à sa perfection, & capables de faire en lui des impressions dangereuses ?

THEODORE. Ce que j'ai à vous dire là-dessus c'est que vous l'exposiez le moins que vous pourrez pendant ses premieres années. C'est une erreur grossiere de s'imaginer, comme font quelques-uns, qu'il faut tirer peu à peu le rideau aux enfans, afin de les accoûtumer au grand monde, sous pretexte qu'ils pourroient se laisser éblouïr s'il se presentoit d'abord à leurs yeux avec tout son éclat. Des parens veulent par cette raison se satisfaire eux-mêmes ; & ils ne songent pas, que pour être moins ébloui on n'en est pas moins corrompu ; & que si

de Theodore & Eugene. 131
le monde est éblouïssant, c'est pour cela qu'il est necessaire, avant que d'y entrer, d'en connoître le ridicule & la fragilité.

Eugene. Mais comment fera-t-on pour empêcher que cet enfant ne contracte les vices des jeunes gens qu'il est obligé de voir ?

Theodore. Opposez le vice au vice même. Qu'on dise à vôtre fils au retour de ses visites, ou de ses promenades : Avez vous remarqué un tel qui parle toûjours avec hauteur, & qui s'emporte sans cesse contre ses gens ? Croit-il par là se faire un grand nom, & ajoûter quelque chose au rang qu'il a dans le monde ? Bien-loin de l'approuver ne sentiez-vous pas quelque peine en le voyant ainsi toûjours prêt à se mettre en fureur ? Mais vous ririez si vous sçaviez la cause naturelle de cet air superbe, & de ces manieres emportées. C'est un peu de bile qui réveille des traces d'une grandeur imaginaire qu'on lui a fait entrer dans la tête. Quelques flatteurs lui sont venus dire qu'il avoit du merite, de l'esprit, de la qualité, qu'il étoit infiniment élevé au dessus des autres, qui cependant valent mieux que lui. Cela l'a rempli de vaines idées, & fait que les ressorts que Dieu a mis dans son corps pour la conservation de sa vie, joüent sans cesse pour le mettre dans l'état où vous le voïez si souvent.

EUGENE. Je ne me serois pas avisé de cette maniere d'instruire mon fils. On lui difoit que l'orgueil met entre Dieu & l'homme une extréme oppofition ; que c'eft ne fe pas fouvenir qu'on eft pecheur, & incapable d'aucun bien , que d'avoir une haute idée de foi-même ; que cette malheureufe difpofition a perdu le premier des Anges, & l'homme innocent ; qu'à plus forte raifon elle attirera le dernier malheur fur des pecheurs : & que la bonne opinion de foi-même ne peut avoir pour fondement que des chimeres dont les hommes animez de l'efprit du monde fe repaiffent ; puifque la vraie grandeur ne confifte que dans l'amour de la verité & de la juftice, inconnuës aux orgueilleux , & que Dieu feul peut faire aimer. Comme cet enfant est vif & prompt, on lui dit souvent que l'impatience n'avance rien; que les autres n'ont pas moins de raison de se fâcher contre nous, que nous en avons de nous fâcher contr'eux; qu'il faut se souffrir & s'aider les uns les autres; & que si nous ne sommes doux & humbles de cœur, nous ne sçaurions être les disciples de Jesus-Christ.

THEODORE. Cela est bon, pour faire voir l'injustice de l'orgueil & de la colere. Mais il faut aussi en faire voir le ridicule.

EUGENE. Certainement rien ne le découvre mieux que la contenance d'un emporté & d'un superbe. On ne se voit pas, où l'on se cache à soi-même. Mais on voit les autres;

& en les obfervant on découvre fûrement le defordre des paffions.

THEODORE. Qu'on dife à vôtre fils, que de tous tems ceux qui ont fait parade de leurs richeffes, de leur naiffance, & de leur autorité ont été l'objet de la raillerie publique ; qu'un Poëte fe moque d'un Noble ignorant, qui eft obligé parmi fon fafte & les magnificences dont il veut éblouïr le vulgaire, d'aller chercher * un petit Avocat pour défendre fa caufe ; & qu'à peine trouve-t-on le fens commun * dans tout cet attirail ; parce que les Grands du monde ne voyant rien que par rapport à eux-mêmes, le difcernement leur manque au befoin. Qu'on lui dife, que le même Poëte pouffe fans quar-

* Solet hic defendere cautas nobilis indocti.

* Rarus enim ferme fenfus communis in illâ fortunâ. *Juvenal*, Sat. 8.

tier ces gens qui montrent les statuës de leurs ancêtres sans songer à se rendre imitateurs de leur vertu, & qui ne voient pas que si du marbre taillé représente le corps des ayeux, c'est aux neveux à en représenter l'esprit par des actions de justice & de generosité.

Hos (mores) ante effigies majorum pone tuorum. Ibid.

EUGENE. Cela sans doute peut bien servir à lui faire comprendre que le merite n'est point dans le faste; mais dans la resistance qu'on fait à la nature corrompuë, & dans une vie chrêtienne & laborieuse. Le caractere de railleur, qui est une suite de l'orgueil dont un jeune homme est animé, ne vous semble-t-il pas aussi bien odieux ? Je le trouve dangereux principalement dans les jeunes gens qui ne sçavent point

point garder de mesure. Ils se poussent souvent les uns les autres d'une étrange maniere ; & le plus foible a bien à souffrir.

THEODORE. Pour empêcher que vôtre fils ne devienne un de ces railleurs qui vous déplaisent si fort : Demandez-lui s'il aïmeroit qu'on le prît par son foible ; & que d'un ton railleur on lui reprochât quelque défaut pour divertir la compagnie. Il vous répondra que ces manieres injurieuses ne plaisent à personne, bien-que la raillerie soit quelquefois divertissante. Il faut donc avoüer, lui dira-t-on, que pour railler d'une maniere qui n'ait point de mauvaises suites, la personne que l'on raille doit être prise à son avantage, & sentir qu'on n'a deſſein que de luy réveiller des idées agréables. Mais croïez-moi, Eugene, ſi vôtre fils connoît l'homme, & s'il ſçait la Religion, il ne raillera jamais d'une maniere piquante. Car la connoiſſance de l'homme lui apprendra que pour lier ſocieté, il faut faire entendre aux autres par des manieres accommodantes, qu'ils vivront agreablement avec nous. Et la Religion luy dira ſans ceſſe, que c'eſt une baſſeſſe d'inſulter aux foibles; une injuſtice d'avoir pour eux une autre meſure que celle que nous voulons qu'on ait pour nous; une cruauté de les attaquer par des endroits, qu'il n'eſt pas ſouvent en leur pouvoir de reformer: & un excés d'orgueil de vouloir, tout couvert de défauts que l'on est, découvrir ceux des autres, & s'en faire un divertissement.

EUGENE. Par là vous pretendez que pour être en état de faire des plaisanteries qui ne blessent personne il faut beaucoup de droiture de cœur & de discernement. Mais si mon fils se sentoit quelquefois offensé par les manieres des autres, quel parti prendroit-il?

THEODORE. S'il est modeste & retenu il y aura peu de gens qui songent à l'offenser. Mais en ce cas il faut qu'il vainque le mal par le bien ; que faisant comme s'il ne s'appercevoit pas de l'insulte qu'on lui fait, il cherche quelque endroit qui flatte l'amour propre de son ennemi ; qu'il se mette en sa place pour en penetrer les intentions, & qu'il n'en vienne jamais à la force qu'aprés avoir tenté toutes les voies de la charité, & qu'il ne pourra plus douter que son honneur s'accorde avec la Religion.

EUGENE. Pourquoi, Theodore, n'éleve-t-on pas les enfans dans ces maximes ? On en veut faire des Heros, & on neglige tous les principes de vertu. On s'imagine que c'est la vanité & le desir de faire fortune qu'on appelle ambition qui les doit animer. Quel aveuglement ! Comment seroient-ils moderez aprés une si pitoïable éducation ? On leur dit qu'il faut l'être : mais on ne tourne leur esprit que du côté de la gloire du monde. Il faut donc bien qu'ils agiſſent conformément à leur principe, qu'ils s'emportent au moindre ſigne, & que la moindre parole les ſouleve. Car ils ne connoiſſent que le monde, & ils ne veulent ſe faire honneur que devant lui, ſans ſçavoir que ce monde, tout corrompu qu'il eſt, demande neanmoins d'autres diſpoſitions que celles qu'il inſpire. Je m'eſtimerois heureux, ſi nous n'avions à combattre dans mon fils que l'orgueil & la colere: il y a d'autres vices que je ne crains pas moins, la médiſance, l'avarice, l'impieté.

THEODORE. Pour lui en donner l'horreur qu'il en doit avoir, interrogez-le toûjours de la maniere que nous venons de marquer. Dites-lui : Ce jeune homme que vous entendez parler si cavalierement des uns & des autres, vous paroît-il homme d'esprit ? Vous jugez bien que c'est un écho qui redit ce qu'on a dit à ses oreilles. Car comment auroit-il recherché la vie de tant de gens qu'il méprise, comme s'il étoit le seul qui eût de l'entendement, de la raison & du merite ? Que lui arriveroit-il si ceux qu'il traite si mal apprenoient ses médisances ? Peut-être qu'animez du même esprit, ils mettroient tout en usage pour le perdre. Mais l'estimez-vous davantage depuis qu'il vous a paru si éloquent contre la reputation de son prochain ? N'a-t-il point les défauts qu'il reprend dans les autres ? Est-ce à lui à les reprendre, à lui qui sent ses propres foiblesses, & qui ne connoît en aucune maniere les raisons & les intentions d'autrui ? Croïez-moi, mon cher enfant, il n'y a pas de veuë plus fausse que de croire acquerir de l'estime par cette voie ; & autant de fois qu'on s'érige en censeur de la conduite de tel ou tel, autant de fois on irrite le Dieu vivant, qui s'est reservé la connoissance de la disposition de nos cœurs, & qui seul a droit de nous juger. Imitez les bons exemples, & ne regardez pas les mauvais. Peut-être que ceux qui sont debout tomberont bien-tôt, & que ceux qui sont tombez se releveront.

EUGENE. Il faut que des

parens, ou ceux qui approchent de leurs enfans, soient bien indiscrets de parler mal du prochain en leur presence. La tête remplie d'une infinité de traces de grandeur & de puissance ausquelles répondent des sentimens d'orgueil ; & toûjours en haleine pour se dédommager de ce qu'on les laisse en arriere, ils ne voient pas que la contagion de leur imagination se communique à ces pauvres enfans, qui veulent juger à leur tour, & qui faute d'experience prononcent toûjours à contre-tems. De sorte qu'en leur corrompant le cœur on leur déregle l'esprit. Je veux que mon fils n'entende jamais dire de mal des autres; & je ne veux pas même qu'on se serve en sa presence de certaines

taines expreſſions vives & piquantes, dont il n'arrive que trop ſouvent qu'on ſe fait des Dictionnaires que la charité n'approuve pas.

THEODORE. Il eſt bon de lui faire comprendre la malignité des paſſions, en lui montrant que tout-injuſtes qu'elles ſont elles ſe juſtifient merveilleuſement les unes les autres ; que l'orgueil qui n'eſt qu'un abus de l'impreſſion naturelle que nous avons pour le bonheur & pour la perfection, demande la colere; que la colere approuve l'orgueil; & que la vangeance qui vient à leur ſecours leur ſemble la plus juſte du monde ; que tout le fracas de ces paſſions n'a ſon principe que dans l'agitation de quelques parties du ſang, lesquelles en réveillant des traces du cerveau causent des sentimens qui sont suivis d'une nouvelle agitation des esprits ; & que c'est de cette succession de mouvemens d'esprits & de sentimens, qu'on a tiré ces differens noms qui expriment une partie de nos troubles & de nos émotions interieures. Peut-être qu'il se fera une honte d'être esclave de si peu de chose ; & un honneur de commander à son corps.

EUGENE. Il n'est pas possible qu'il n'en apprenne l'art dans le plan que nous venons de dresser ; & que s'il n'évite pas toutes sortes de vices, il n'ait du moins horreur des plus grossiers, comme de l'avarice & de l'impureté.

THEODORE. Ces vices tout

grossiers qu'ils sont, ont des attraits dangereux; & on n'en peut jamais assez connoître le ridicule & l'infamie. Pour détourner vôtre fils de l'avarice, & lui apprendre en toutes les manieres possibles l'usage des richesses, montrez-lui de l'argent; & demandez-lui s'il voudroit que sa chambre en fût pleine, & demeurer toûjours auprés. Il vous répondra que l'argent n'est pas fait pour être gardé; mais pour être employé aux besoins de la vie. Demandez-lui ce qu'il pense donc de ceux qui passent leur vie à conter leur argent, & qui se refusent ce qui leur est necessaire: Il conviendra que ce sont des insensez, puisqu'ils vivent en pauvres afin de mourir riches. Mais, ajoûterois-

...Cum sit manifesta phrenesis. Ut dives moriaris egentis vivere fato. Juven.

je, voïons un peu l'ufage que vous feriez de vôtre argent. L'emploiriez-vous tout dans des équipages, à faire bonne chere, à vous donner des plaifirs ? Ou bien le donneriez-vous tout à vos amis & aux pauvres ? Il verra d'abord qu'il y a par tout là des extremitez vicieufes, qu'il faut faire part de fon argent à ceux qui n'en ont point; mais qu'il faut auffi fonger à foi. Mais il faut lui faire dire ce que c'eft que fonger à foi ; & quand il fe fera fouvenu qu'il eft un pecheur qui doit borner fa depenfe precifément à l'état où Dieu l'a fait naître, le laiffer conclure lui-même, que le principal ufage des richeffes, c'eft de faire des amis qui nous reçoivent, comme dit l'Ecriture, dans les Tabernacles éternels ; c'est à dire, qui pleins de reconnoissance des secours que nous leur aurons donnez, travaillent par l'entremise de JESUS-CHRIST à la grande affaire de nôtre éternité.

EUGENE On ne songe point à se faire de ces sortes d'amis. Ce n'est ni la raison, ni la Religion qui reglent les liberalitez des gens du monde. Et que leur arrive-t-il ? Ils les bornent à un certain nombre de personnes, ils se trompent dans le choix, ils enrichissent des ingrats, ou des flatteurs plus pernicieux que les ingrats. Et comme la vanité est leur principe, la prudence ne les regle point ; & souvent ils deviennent miserables en travaillant à la fortune de ceux qu'on appelle leurs creatures. Aprés tout, Theodore, l'impureté est ce qui m'alarme le plus. La plûpart des jeunes gens sçavent tant de choses dans cette matiere, que je crains fort que mon fils n'apprenne avec ceux qu'il est obligé de voir quelquefois, ce qu'il devroit toûjours ignorer.

THEODORE. Quand quelqu'un aura dit en sa presence quelque sale parole, ou bien aura paru trop sensible pour les femmes, proposez-lui quelque-autre jeune homme dont la conversation soit modeste & reglée ; & laissez-lui faire la comparaison de l'un & de l'autre. Découvrez-lui en même tems la cause de l'impudence du premier. Montrez-lui que c'est une ignorance extréme de la Religion, un amour propre aveugle excité par de miférables flatteurs, qui lui font venus dire, que fon air, fon efprit, & fa bonne mine le rendroient aimable aux femmes ; que c'eſt le plus grand bien d'un homme deſtiné pour le beau monde, que de ſe tourner vers elles de bonne heure, parce que leur commerce façonne & polit de plus en plus l'eſprit d'un jeune Cavalier. De ſorte que ce pauvre enfant étant ouvert d'une part à tout ce qui flatte les fens & falit l'imagination ; & de l'autre fermé aux veritez eſſentielles, c'eſt une neceſſité qu'il ſoit déreglé dans ſes paroles & dans ſes manieres Mais de bonne foi, dirois-je encore à vôtre fils, fi vous ne connoiſsiez point la maison de ce jeune homme, jugeriez-vous par ses discours, qu'il fût destiné aux premiers honneurs & aux premieres dignitez du Roïaume? Representez-lui que la noblesse est une espece de flambeau qui donne une étrange couleur aux desordres d'un homme de qualité ; & que le même Poëte qui a eu cette pensée a reconnu, tout Païen qu'il étoit, que c'est le dernier aveuglement que de sacrifier à la passion de vivre dans les plaisirs l'honnêteté & la justice, qui sont les seules choses qui rendent la vie estimable.

Incipit nobilitas facem præferre pudendis. Juvenal Sat. 8.

Summum crede nefas animam præferre pudori, Et propter vitam vivendi perdere causas. Ibid.

EUGENE. Quels systemes on se fait dans le monde ! l'on n'y veut se former l'esprit que par l'usage des choses sensibles.

On cherche la perfection dans la galanterie. L'on y prend l'imagination pour la raison ; & pendant qu'on se met un voile devant les yeux qui dérobe à l'homme la connoissance de soi-même, & de tous ses devoirs, on croit se rendre propre à converser parmi les plus honnêtes gens, & à donner les regles d'une belle vie. Comment aprés cela les hommes ne seroient ils pas insensibles à tout ce qui peut les unir à Dieu ? Comment ne regarderoient-ils point de haut en bas ceux qui prennent le parti de la pieté ? Comment ne seroient-ils pas pleins d'eux-mêmes, puisqu'il ne leur entre dans l'esprit que les choses dont le corps s'accommode ? Je serai content, Theodore, des regles que vous m'aurez données, pour former les mœurs de mon fils, quand vous m'aurez dit encore quelque chose sur les qualitez qui lui sont necessaires, afin que sa conversation soit commode & agreable.

THEODORE. Il n'a besoin pour cela que de quatre ou cinq avis. Le premier, c'est de parler avec beaucoup de simplicité ; de ne parler de rien avec chaleur ; mais de prendre toûjours le parti de la justice & de la raison ; d'y rappeller les autres par un air de douceur & de condescendance ; & s'ils lui disent quelque chose de rebutant, de croire qu'ils songent moins à offenser sa personne qu'à contenter leur amour propre. Le second, c'est de ne point parler de lui-même, parce que les autres sont portez à croire que nous leur en voulons autant ôter que nous nous en attribuons. Le troisiéme, c'est de ne point s'ériger en critique. Personne n'aime la censure & les corrections : & celui qui en fait sans autorité se rend toûjours méprisable. Le quatriéme, c'est de ne point faire le misterieux. On s'accoûtume insensiblement à ce défaut ; & on déplaît par là à bien des gens qui croient, quand ils voient parler à l'oreille des autres, qu'on a dessein de les exclure de la societé. Le cinquiéme, qu'il ait soin de prévoir les choses desquelles il pourra s'entretenir avec telles ou telles personnes, non pas pour se preparer à bien dire ; car l'entretien familier est ennemi de la préparation : Mais pour éviter tout ce qui peut choquer les autres, & pour s'accommoder au caractere d'un chacun. Enfin que dans les choses indifferentes il suive toûjours le torrent. Le caprice romp toutes les societez, & on n'en sçauroit lier qu'on ne soit tout à tous.

EUGENE Il n'y a point de cœur qui tienne contre ces maximes. Car enfin que peut-on desirer d'un homme, lorsqu'il est indifferent pour tout ce qui le regarde en particulier, & qu'il est d'une extréme délicatesse sur tout ce qui regarde le prochain ; toûjours prêt à lui rendre ce qui lui appartient ; & à contenter son amour propre autant que la Loi de Dieu le permet ?

THEODORE. J'oubliois à vous dire une chose ; c'est de recommander à vôtre fils de ne se pas faire une affaire de fournir à la conversation. C'est le métier des parasites. Les grands parleurs n'imposent qu'aux petits esprits ; & on ne leur confie point des affaires d'importance. Il ne faut dire que ce que l'on sçait bien ; & il vaut mieux se retirer de quelque lieu que ce soit, lorsqu'on n'a pas des raisons pour y demeurer, que d'y debiter des choses inutiles.

EUGENE. Et quand on donnera des applaudissemens à mon fils, comment fera-t-on pour détourner l'enflure de cœur que cela peut produire ?

THEODORE. Demandez-lui si sa conscience lui rend témoignage qu'il est tel qu'on le lui dit ; s'il ne connoît pas en lui des défauts qui surpassent les qualitez qu'on lui attribuë ? Dites-lui que le monde n'est pas sincere, qu'il a la malice de nous cacher ce que nous devrions reformer en nous, & par des complimens sur un merite imaginaire, de nous endormir dans nos miseres réelles. Dites-lui en un mot, que s'il y a quelque chose de bon en lui, c'est de Dieu seul qu'il l'a reçû ; & qu'il se perdra s'il ne lui en rapporte pas toute la gloire.

EUGENE. Plût à Dieu que cette verité fût toûjours presente à son esprit : Il ne faudroit plus craindre qu'il ne fût qu'exterieurement humble & modeste. Son humilité passeroit jusqu'au cœur. Car vous sçavez que c'est cette humilité interieure que je demande, & non pas celle qui n'en est qu'une imitation inventée par l'ennemi commun de tous les hommes pour les seduire.

THEODORE. Il est vrai qu'on voit des gens qui composent si bien leur exterieur, qu'on pourroit les appeller les singes des gens de bien. L'orgueil qui les domine leur fait prendre la posture des humbles pour s'attirer par là de l'estime & des respects : & on y est trompé, pendant qu'ils obtiennent ce qu'ils desirent. C'est un peu de resistance à leurs passions qui leve le voile, & qui découvre ce qu'ils sont. Mais l'éducation que vous donnez à vôtre fils lui éclairera l'esprit, de maniere qu'il aura bien-tôt compris l'aveuglement de ceux que l'esprit du monde anime; & que connoissant combien une vertu dissimulée est peu de chose, il demandera & obtiendra du Pere des lumieres ce qui regle le cœur. Il sera honnête, liberal, obligeant, incapable d'envie, promt à faire du bien, & de grandes actions, ne connoissant le mal que pour l'éviter, doux & humble de cœur.

EUGENE. J'aime mieux voir mon fils dans ces dispositions que Roi de toute la Terre. Ne voulez-vous plus rien dire sur ce qui peut servir à le former?

THEODORE. Nous en avons assez dit sur la maniere de travailler

travailler pour le reglement de ses mœurs ; nous aurons d'autres entretiens sur le choix des sciences qui lui conviennent, & sur la nature de chacune d'elles, afin d'en connoître la juste valeur.

VI. ENTRETIEN.

L'usage des Mathematiques. Il ne faut pas trop exercer l'imagination, ni trop remplir la memoire des enfans. L'usage des Langues. Celui de l'Histoire. La vraie politique. Ce qu'il faut éviter dans la lecture des Auteurs prophanes.

EUGENE. Vous m'avez dit, Theodore, que nous ferions le choix des sciences qui sont necessaires à mon fils. Mais ne m'avez-vous pas montré qu'il n'avoit besoin que de la connoissance, de la Religion, & de celle de l'homme?

THEODORE. Ces connoissances lui sont absolument necessaires, puisque sans elles l'esprit ne peut sortir de ses tenebres. Mais comme l'homme n'est pas un pur esprit, il faut qu'il cultive un peu son imagination, qu'il apprenne certaines choses necessaires dans le commerce de la vie; & d'autres qui sont propres à chaque état que l'on embrasse.

EUGENE. Quelqu'un me disoit dernierement qu'il falloit que je fisse apprendre de bonne heure à mon fils les Mathematiques pour lui rendre l'esprit attentif. Mais je trouve que cette étude attache trop, & la plûpart des Mathematiciens que je connois ont des défauts que je serois bien fâché que mon fils eût.

THEODORE. Les Mathematiques ont sans doute de grands usages : & si vous voulez que vôtre fils sçache un jour comment nous voïons tant d'objets à tant de diverses distances, & dans toutes sortes de situations & d'étenduë ; c'est à dire ce qu'il y a de plus admirable dans la Nature, il faut qu'il apprenne à mesurer les Angles, dont la quantité fait tout le secret de l'optique. Si vous voulez qu'il se connoisse en machines ; & qu'il conçoive l'arrangement des parties de ce grand corps, que nous appellons le Monde, il faut qu'il sçache les loix de la Méchanique. C'est à dire en un mot, que pour connoître la nature il faut sçavoir la Geometrie, d'où dépend tout ce qui peut s'exprimer par des lignes. Mais de quel usage ne lui sera-t-elle pas dans les emplois de la guerre ausquels vous le destinez ? Toute la science des Fortifications en dépend, & tout l'art de ménager le terrein. Ajoûtons qu'elle ne lui servira pas peu, s'il s'avise quelquefois de bâtir.

Eugene. Mais comment ferons-nous pour empêcher qu'il ne barbouille sans cesse du papier ; & qu'à force d'expriprimer ses idées par des lignes, il ne lui arrive ce qui est arrivé à bien d'autres, qui ne croient rien de réel que ce qui peut être rendu sensible ?

Theodore. J'avouë que c'est le défaut de bien des Mathematiciens, de faire trop usage de leurs sens, & de se corrompre l'esprit par la vivacité de leur imagination. On en voit même qui ne sçavent des Mathematiques, que parce qu'ils en ont les figures imprimées sur le cerveau. Ceux-là ont sans cesse la regle, le compas, & le craïon à la main. Mais c'est pour imiter ce qui frappe leurs yeux. Ils ne sont pas capables de faire des découvertes, parce que leur esprit n'est que memoire : & ce sont ceux-là qui dans l'entêtement des Mathematiques ne connoissent ni Dieu, ni eux-eux-mêmes. Il y a des gens qui pour faire plus d'usage de leur esprit s'appliquent à l'Algebre : mais je croi que vous n'en voulez pas ; & vous avez raison. Car vôtre fils n'est pas né pour conter les sables de la mer, ni pour faire une infinité d'autres calculs inutiles ; il suffit qu'il sçache conter par les regles de l'Arithmetique ordinaire. Mais s'il n'est pas né aussi pour être Ingenieur, ni Architecte, ni Machiniste, contentez-vous de lui faire montrer de tems en tems, avec les rapports qui sont entre les nombres ceux qui sont entre les lignes ; que ce soit par forme de conversation tout au plus trois ou quatre fois par semaine, & qu'à chaque fois on enferme les instrumens dont on se sera servi ; cela le menera plus loin que vous ne pensez. Mais en lui prouvant, par exemple, que le quarré de la diagonale est double du quarré d'un des côtez, qu'on ait soin d'élever son esprit au de-là du sensible, en l'avertissant que la certitude de la demonstration n'est pas dans la figure, qui souvent n'est pas telle que nous la voïons ; mais dans ce qui est present à nôtre esprit ; & ce qui lui sert de modele. Par là vous l'accoûtumerez à reconnoître qu'il y a des veritez immuables & éternelles, d'où dépend toute la certitude des sciences, & vous ouvrirez un champ merveilleux à son esprit.

EUGENE. Je conçoi bien qu'on le peut éclairer ainsi, & lui apprendre autant de Mathematiques qu'il lui en faut : il se passera encore dix ou douze ans avant qu'il doive en faire usage, c'est du tems pour les lui apprendre peu à peu, & sans le fatiguer. Mais afin qu'il sçût dans la suite regler la dépense de sa maison, & qu'il en connût les affaires, ne seroit-il pas à propos de lui donner quelque

quelque teinture d'œconomique & de jurisprudence?

THEODORE. Il n'y a pas de danger de s'entretenir quelquefois de la maniere de conserver & de ménager son bien. Mais croïez-moi, Eugene, on n'apprend que trop aisément à parler procés & ménage : & ce que vous avez à faire, c'est d'éloigner de vôtre fils l'esprit de ceux qui parlent souvent l'un & l'autre.

EUGENE. Vous jugeriez peut-être plus à propos qu'on lui montre l'utilité des Arts, & qu'on lui fasse connoître les instrumens par lesquels on éxecute tant de choses necessaires à la vie.

THEODORE. Nullement. Quand il connoîtra la nature, vous pourrez lui faire chercher les raisons de ce qu'on admire dans les Arts. Mais ne chargez sa memoire que le moins que vous pourrez ; n'y faites entrer que les faits dont il faut être instruit pour raisonner juste, & pour découvrir la verité. Tout le reste est un empêchement à la lumiere & aux veuës de l'esprit. Le Dessein que vous lui faites apprendre n'est pas même de saison. Vous aimez la peinture, & vous voulez que vôtre fils l'aime comme vous. En voulez-vous faire un Dessinateur ou un Peintre ? Je sçai bien que vous ne voulez autre chose que lui perfectionner l'esprit. Retranchez donc ce qui exerce trop son imagination. Car autant qu'on exerce cette partie de nous-mêmes, qui a le même fond que la memoire, autant la raison se recule. Il apprendra toûjours assez à tracer les figures dont il aura besoin : & s'il connoît l'homme il verra d'abord si l'air du visage & la posture d'un personnage peint represente bien les mouvemens de l'ame, en quoi consiste tout le secret de la peinture.

EUGENE. Ainsi vous voulez qu'on ne cultive l'imagination que pour les choses dont on ne peut se passer. Croïez-vous que l'Histoire & les Langues soient de ces choses-là ?

THEODORE. Quelles Langues voulez-vous que vôtre fils apprenne ? Du Latin. Cette Langue n'est pas inutile. C'est celle de l'Eglise & de nos peres. Mais croïez-vous qu'il soit necessaire qu'il parle comme

Ciceron. Si l'élegance du Latin lui éclairoit l'esprit, & lui montroit la verité, il ne pourroit trop étudier les tours & la délicatesse de cette Langue: Mais puisqu'il n'en sort point de lumiere, on ne doit pas, ce me semble, se tourmenter beaucoup pour imiter Terence & Cesar dans leur latinité, quoique je ne desapprouve pas ceux qui l'imitent.

EUGENE. Je veux qu'on se puisse passer de sçavoir parfaitement le Latin, & quelque Langue que ce soit. Mais vous trouverez des gens qui vous diront qu'il est fort à propos d'apprendre le plus de Langues qu'on peut aux jeunes gens, pendant qu'ils ne sont en état que de faire usage de leur memoire.

THEODORE. C'est supposer ce qui est en question. Je nie qu'un enfant capable d'apprendre une Langue ne puisse faire usage que de sa memoire. Il a autant de raison que les hommes faits, quoiqu'il n'ait pas d'experience. On peut le faire raisonner en s'y prenant comme il faut : & s'il y a quelque chose de meilleur que les Langues, c'est un larcin que de l'en frustrer.

EUGENE. Ne croïez pas, Theodore, que je sois du sentiment de ceux dont je vous parle. Je suis persuadé qu'un enfant est plus capable d'apprendre de bons principes, & de les retenir, que ceux dont l'âge a fortifié les mauvaises habitudes. Mais cet enfant est foible, & il faut beaucoup donner à son imagination.

THEODORE. J'en conviens. Mais n'y donnez que de maniere que la raison ne succombe pas. Apprenez-lui du Latin; & si vous en voulez faire un Critique, ou un Controversiste, apprenez-lui le Grec & l'Hebreu : Mais parmi ces Langues apprenez-lui ce qu'il est, & ce qu'il doit à Dieu.

EUGENE. Vous pensez donc que le Grec & l'Hebreu n'est propre qu'aux Critiques & aux Controversistes ?

THEODORE. Estes-vous obligé quelquefois de parler ces Langues, & même de parler Latin ? Vous pourriez vous trouver en quelque occasion, où il seroit à propos que vous parlassiez Allemand, Italien, ou Espagnol. Mais la langue de Demosthene & celle des Rabbins vous sera toûjours fort inutile. Il n'y a que ceux qui sont obligez par état d'examiner des passages de l'Ecriture pour répondre aux Heretiques, qui doivent sçavoir ces Langues mortes ; quoique nous soïons bien obligez à ceux qui sans nul engagement à cela nous donnent de beaux Ouvrages par le secours de ces mêmes Langues. Ils suivent un talent particulier qu'ils ont, & rendent service au public. A l'égard des Langues vivantes, on les apprend toûjours assez quand on en a besoin. Il n'est pas étrange qu'un homme qui n'est pas né dans un païs n'en sçache pas bien la Langue? Suivez, Eugene, ce que l'usage demande absolument de vous. Mais ne laissez pas des choses essentielles pour courir à des chimeres.

Eugene Je croi, Theodore, que vous me connoissez. J'aimerois mieux que mon fils ne sçût que la distinction de l'ame & du corps, que de le voir faire des dissertations sur tous les Poëtes Latins & Grecs, parler toutes les Langues du monde, & confondre tous les Rabbins.

Theodore. C'est que vous preferez le solide au faux brillant. Si vous voulez éclairer son esprit en lui apprenant les Langues qu'il est obligé de sçavoir, montrez-lui que ce que nous appellons Langue, dépend absolument des idées que Dieu nous donne de son ouvrage, lesquelles les hommes se sont avisez de réveiller par differens sons de leur institution ; que la parole n'est qu'un air agité, qui se glissant du canal de la respiration dans la bouche, & recevant mille secousses differentes par le mouvement de la langue & des dens, compose tous ces differens mots que nous entendons.

EUGENE. C'est un moïen facile pour lui faire comprendre que ni la parole, ni l'écriture ne nous instruisent point par elles-mêmes, puisque quelques traits de plume, ou un air agité en diverses manieres, ne peuvent pas contenir la verité. Il verra encore que c'est Dieu seul qui forme nos paroles, puisque nous ne sçavons point les canaux par lesquels il est necessaire que l'air dont elles sont composées, s'insinuë, ni la quantité ni la force des secousses qu'il faut qu'il reçoive ; & enfin il ne doutera plus qu'une seule Langue ne produise le même effet que dix mille, & ne suffise pour perfectionner l'esprit, quand on n'est point obligé de converser avec les étrangers. Je ne tends que là, Theodore, à convaincre mon fils, qu'il est tout en Dieu, & que Dieu seul agit en lui ; & je ne veux pas lui parler des choses qui ne peuvent servir qu'à le détourner de l'attention qu'il doit avoir à cette verité. Comment ferons-nous afin que l'Histoire, quand il sera en état de l'apprendre, ne le dissipe point, & ne le remplisse point trop des actions des hommes?

THEODORE. L'Histoire a un bon & un mauvais usage. Elle est utile quand on y considere ces grandes revolutions, qui ne peuvent être que l'ouvrage de la Providence divine, la suite de la Religion, l'aveuglement des hommes, les effets funestes de leurs passions, la puissance de Dieu qui se sert de tout pour l'execution de ses desseins, sa conduite toûjours immuable, & ses misericordes infinies sur ses enfans. Au contraire elle gâte l'esprit; quand on ne songe qu'à se remplir la memoire de beaucoup de faits pour les debiter en suite en homme d'érudition.

EUGENE. Apprenez-moi, Theodore, ce qu'il faut faire pour éloigner mon fils de cette sotte vanité.

THEODORE Faites-lui lire les Auteurs selon l'ordre des tems. Il n'importe qu'il les lise en Grec, en Latin, ou en François. Apprenez-lui tout ensemble ce qu'il y a de plus general dans la Geographie, les divisions des grandes Provinces par les rivieres & par les mers ; & en lui faisant jetter les yeux sur une sphere, montrez-lui les raisons pour lesquelles il fait plus chaud ou plus froid dans les uns que dans les autres. Que l'Histoire du Peuple de Dieu regne sur toutes les autres histoires ; & quand il se sera un peu rendu la Chronologie familiere, &

qu'il aura vû les établiſſemens & les chûtes de ces grands Empires dont il eſt tant parlé dans l'Ecriture ; & dans les premiers Hiſtoriens de la Grece, faites-lui comparer le gouvernement des Republiques Grecques & Romaine avec celui des Juifs : Faites-lui remarquer les cauſes des changemens qui y ſont arrivez ; laiſſez-le juger des faits, ſi telle choſe eſt vrai-ſemblable, ou non, en ne lui aidant que de maniere qu'il ſoit toûjours content de lui : & retranchez tout ce qui n'eſt propre qu'à contenter une vaine curioſité. Par là il acquerra inſenſiblement un eſprit de prévoïance, & deviendra capable des grandes choſes.

EUGENE. Ne ſeroit-il point

à propos de lui faire lire les Propheties dans le même tems qu'il lira le fort des grands Empires ? Cela lui developperoit, si je ne me trompe, ce qu'il y a de plus obscur dans les Prophetes.

THEODORE. Vous ne pouvez mieux faire. Ce lui sera une preuve invincible de la providence de Dieu sur son Église; & que tous les Empires du monde sont faits pour elle. Faites-lui en voir les divers états sous les Empereurs Romains, sous ceux de Constantinople, sous Charlemagne, & sous les successeurs de ce grand Prince ; qu'il n'ignore pas ses Conciles generaux ; & qu'on lui fasse souvent considerer la pureté de sa Foi, & la sainteté de sa discipline.

EUGENE. Il m'est tombé entre les mains un Livre qui contient des Entretiens sur l'Histoire de l'Univers, où je remarque qu'on a suivi à peu prés le plan que vous me marquez.

THEODORE. Ce Livre est assez propre à faire voir l'usage de l'Histoire ; & si vôtre fils ne devoit pas un jour être emploïé dans les affaires du Roïaume, je croi qu'aprés avoir lû les Auteurs parmi lesquels il doit passer ses premieres années, il feroit bien de se borner à ce que cet Ouvrage contient de faits.

EUGENE. Je le lui ferai lire tous les jours comme la regle generale de ses lectures. Mais vous sçavez qu'il est obligé par sa naissance à étudier les interêts des Princes, & à apprendre la Politique. Souffrez donc qu'il étudie les fondations des diverses Principautez, les genealogies des Princes, & les Traitez faits entr'eux.

THEODORE. Qu'il étudie toutes les choses necessaires pour s'acquitter dignement des emplois que son Roi lui donnera. Mais qu'il ne prenne point de modele pour la Politique. Ses connoissances historiques, & celle de la Loi de Dieu lui doivent suffire pour devenir homme d'Etat. C'est que lorsqu'on s'attache aux maximes des hommes, on tombe toûjours dans l'erreur. Ils representent leur temperamment & leurs passions, quand ils parlent de Politique ; & ils mettent toûjours
la

la Religion à part, comme s'il falloit cesser de croire en Dieu, quand il s'agit de servir son Prince, ou d'assurer le repos des Peuples. Si vous faites lire Tacite à vôtre fils, montrez-lui combien cet Auteur avoit l'esprit malin. Son Politique Tibere n'étoit pas homme de bien. Mais je suis sûr qu'il le fait plus méchant qu'il n'étoit. On peut juger de l'esprit d'un homme par ses actions, & de ses desseins par l'air de son visage, par ses démarches, & par sa contenance. C'est la regle des sages. Mais c'est une temerité de chercher dans son cœur, & de lui attribuer ce dont on n'est point naturellement capable.

EUGENE Tout cela me fait fort bien entendre, que pour être bon Politique il faut connoître l'homme & craindre Dieu. En connoissant l'homme on le prend par son foible, on l'engage, on l'effraie selon qu'il est à propos ; on l'unit, on le divise. Et la crainte de Dieu fait qu'on vise toûjours au bien public, qu'on n'opprime jamais le juste, à moins qu'il ne se trouve malheureusement confondu dans le nombre des coupables. Enfin elle fait qu'on agit toûjours par dépendance de la Loy éternelle, à laquelle les Rois & leurs Sujets doivent également se soûmettre Pourvû que mon fils sçache bien cela, je n'en demande pas davantage.

THEODORE. Je ne doute pas,

Eugene, que vous ne ménagiez son tems, & que vous ne choisissiez éxactement ce qui peut lui être utile. Les premieres années de la vie sont précieuses : quand on les emploie à la bagatelle, on court risque de ne s'instruire jamais de ses devoirs. Appliquez vôtre fils à tout ce qui peut lui faire aimer la justice. Montrez-lui par l'Histoire, que la flaterie est la source ordinaire des malheurs des Grands du monde. Ils s'endorment dans la prospérité. Chacun leur dit que tout leur est soûmis, qu'on les aime & les craint également, qu'ils sont au dessus de la fortune, qu'ils sont l'appui & le bonheur du genre humain. Personne ne s'oppose à ces discours ; de quelque côté qu'un

Prince tourne les yeux, il voit que tout baisse devant lui. Il demeure dans l'illusion : & dans un instant il se trouve dans les dernieres extremitez. Peut-être sent-il alors sa foiblesse : mais il est trop tard d'y penser. Voila ce qui a toûjours causé le renversement des Etats, & la desolation des Maisons puissantes.

EUGENE. Que lui serviroit de lire l'Histoire, s'il ne tiroit avantage des éxemples qu'on y trouve ? Que je plains ces gens qui lisent toûjours sans se faire aucune application à eux-mêmes ! Ils sçavent toutes les Histoires, & ils ne sçavent rien. Car est-ce sçavoir que de pouvoir rapporter des faits incertains, ou dont on ignore une infinité de circonstances ?

Ceux qui étoient presens & qui voïoient ce qui se passoit, n'auroient osé se croire sçavans pour si peu de chose. C'est à la source de la verité qu'il faut aller, si l'on veut acquerir de la science solide.

THEODORE. Prenez garde, Eugene, que si la lecture des Historiens aide vôtre fils à y arriver, celle des autres Auteurs prophanes ne l'en éloigne.

EUGENE. Vous me direz ce qu'il faut faire, afin que ce qui est un poison pour tant de gens lui soit utile.

THEODORE. Cela demande un Entretien particulier. Mais je veux bien vous dire par avance, que si vôtre fils venoit à s'entêter du tour fin & delicat, & à vouloir trop imiter les expressions sensibles des Anciens, il se gâteroit l'esprit & feroit des efforts inutiles. Vous ne voïez que trop de gens que la lecture des Poëtes Païens a corrompus ; c'est que n'aïant fait usage que de leur imagination en les lisant, ils ont acquis un goût subtil pour tout ce qui flatte les sens ; & un dégoût general pour tout ce que demande la Religion. Vous en voïez parmi ceux-là qui veulent donner aux autres le même plaisir que les Poëtes leur ont donné. Mais leur imagination, toute raffinée qu'elle est, se trouve encore trop inferieure à celle des Païens élevez parmi les fables, & tournez dés leur naissance vers des Divinitez qu'on n'adoroit que par la sensualité. Quelque mauvais Chrétien qu'on soit, on n'a point esté élevé de cette maniere; & l'on ne peut par consequent avoir l'imagination aussi instruite qu'étoit celle des Païens.

EUGENE. A vous entendre, il faudroit être aussi corrompus qu'ils étoient, pour faire de la Poësie égale à celle qu'ils nous ont laissée. Je trouve que l'impuissance est preferable à la corruption.

THEODORE. Laissez faire des vers à ceux qui les aiment. Que ceux-là lisent tous les Poëtes, pour découvrir le beau tour & la delicatesse de la Poësie. Ils verront un jour si cette étude les aura fort avancez. Mais s'il n'est point necessaire à l'Etat, que vôtre fils sçache faire des Emblemes, des Devises, des Epigrammes, des Sonnets & des Rondeaux, & que d'ailleurs l'application qu'on donne à ces choses s'accorde mal avec l'esprit de Religion & de pieté, vous voïez ce que vous avez à faire.

EUGENE. Mon parti est déja pris. Mais il y a une Poësie serieuse dont un Chrêtien se peut mêler. Il n'est pas necessaire de vous citer ceux qui ont fait de fort beaux & de fort bons Vers, & qui passent pour avoir servi en cela & l'Etat & l'Eglise.

THEODORE. Nous aurons plus le tems demain qu'aujourd'hui d'en parler.

VII.

VII. ENTRETIEN.

La bonne & la mauvaise Poësie. Les effets de la Comedie. L'usage des Poëtes. Celui des Orateurs. La fausse éloquence. Comment on acquiert la veritable. Comment on devient Philosophe. Les effets des fausses études.

EUGENE. HE' bien ! Theodore, proscrironsnous aujourd'hui tous les Poëtes ?

THEODORE. Il ne faut pas aller si vîte. Ceux qui ne font des Vers que pour exprimer les merveilles que Dieu a operées dans tous les tems sur son Eglise , & la dépendance de toutes les creatures, meritent des loüanges.

EUGENE. Et que pensez-vous de ceux qui peignent les passions, & qui expriment les beaux sentimens ?

THEODORE. Ils sont peut-être plus dangereux que vous ne pensez. Leurs pensées se ressentent de la source d'où elles sont puisées : je veux dire de la Philosophie Païenne. Ils inspirent la confiance en soi-même, comme si l'homme tiroit la vertu de son propre fond; & l'ame enchantée par leurs vains discours se repaît de vaines idées, & prend un esprit tout Païen. En un mot, les Poëtes les plus serieux qui n'écrivent pas des choses saintes, entretiennent ou l'orgueil ou la sensualité.

EUGENE. Ceux qui reprennent le vice, ou qui en montrent le ridicule par des boufonneries, produisent-ils d'aussi mauvais effets?

THÉODORE. Croïez-moi, la boufonnerie n'est propre qu'à faire des boufons. On rioit en entendant Moliere & Arlequin. On trouvoit qu'ils representoient au naturel bien des gens : mais personne ne s'y reconnoissoit, & ce qu'on apprenoit avec eux, c'étoit à se moquer les uns des autres.

EUGENE. Il est vrai qu'ils ont fourni bien des quolibets contre les Avocats, les Medecins, les coquettes, & les devots.

THÉODORE. Et par consequent ils ont fait bien des mauvais plaisans, qui sans songer à se reformer eux-mêmes, attribuent aux autres des défauts souvent imaginaires.

EUGENE. On n'a point d'égard à tout cela. La Comedie

plaît. On y mene les enfans, afin qu'ils y apprennent, dit-on, de bonne-heure à connoître le cœur de l'homme, & à en éviter le ridicule.

THEODORE. C'est la malice qu'il en faut éviter. Les Comediens sur tout cela promettent merveilles. Mais ils seroient bien fâchez que ce qu'ils disent fust vray, & que les hommes devinssent sages. Assurément on leur devient semblable, quand on les va voir souvent; & les enfans s'y corrompent de maniere qu'on ne peut aprés cela leur retenir l'esprit, ni les rappeller à la raison. Nous avons assez vû, ce me semble, que cela ne peut être autrement, à cause des traces qui se font là sur leur cerveau; & que selon les loix de la nature, leur ame doit toûjours en suite contempler les idées qui répondent à ces traces. Mais je m'en rapporte à l'experience.

Eugene. Mais ne peut-on voir la Comedie & l'Opera sans se gâter?

Theodore. On ne le peut, quand on ne sçait faire usage que de ses sens. Un homme en qui la raison est la superieure, qui sçait le jeu des passions & de l'imagination, peut sans se gâter voir les farces & les spectacles; & même il en sera si peu touché, qu'après les avoir vûs une fois, ce lui seroit une fatigue de les voir de nouveau. Mais un homme encore un coup, qui ne connoît que le sensible, qui n'a point esté élevé dans les principes de raison, en fera éboluï, & deviendra esclave sans connoître son malheur.

EUGENE. Tout cela signifie qu'il n'y a que les Philosophes qui puissent lire sans danger les ouvrages qu'on appelle de bel esprit, les Poëtes anciens & les modernes. Mais faut-il que mon fils apprenne la Philosophie avant que de lire Virgile & Horace, les Comedies de Terence, & les Tragedies de Seneque?

THEODORE. Ne voïez-vous pas par toutes les choses que nous avons dites jusques ici, qu'il faut que vous travailliez tous les jours à le rendre Philosophe. Car qu'est-ce que devenir Philosophe? si ce n'est s'accoûtumer à juger des choses par raison, & selon ce qu'elles font en elles-mêmes ? Il n'y a point de tems marqué pour cela. C'eft une obligation de tous les âges de la vie; & je croi vous avoir déja dit, que nos premieres années y font les plus propres. Faites lire les Poëtes à vôtre fils, & faites-lui faire ufage de la raifon en même tems.

EUGENE. Je vous promets qu'on n'y manquera pas. On commencera par lui retrancher tout ce qu'il y a de groffier : & on n'écoutera pas ces gens, qui difent que cela donne plus d'envie aux enfans de le voir. Comment en auroient-ils envie, fi l'on fait en forte, ce qui eft bien-aifé à faire, qu'ils ne s'apperçoivent pas qu'on le leur cache ? Si l'on rencontre de la fable ou de la superstition, on lui montrera l'aveuglement horrible des Païens qui faisoient des divinitez des objets de leurs passions, & qui se familiarisoient avec le crime par l'éxemple des Dieux de leur façon : on lui fera reconnoître en même tems la grandeur des misericordes de Dieu sur nous, qui nous a montré la voie de la Justice & la maniere de l'adorer, pendant que tant de Nations demeurent dans les tenebres, & sont abandonnez à leurs imaginations.

THEODORE. C'est le moïen de rabaisser la sienne, & de tenir toûjours son esprit en la presence de Dieu. Mais quand il se rencontrera quelques traits de Morale, ou quelques-unes de ces sentences qui expriment des veritez du Christianisme, comment ferez-vous pour lui montrer que les Poëtes n'en ont eû nullement l'esprit?

EUGENE. On le ramenera aux principes sur lesquels ils raisonnoient, à cette confiance qu'ils avoient en leurs propres forces; & on lui découvrira le fond d'orgueil, & même d'impieté, d'où ils tiroient leurs plus beaux discourss

THEODORE. Vous dites bien *d'orgueil* & *d'impieté*. Car il est certain que tout ce qu'ils ont dit de mieux, n'a son fondement que dans la fierté Stoïque, ou dans l'impieté Epicurienne. Faites bien faire toutes ces remarques à vôtre fils, afin qu'il reconnoisse de plus en plus, que tout ce qu'il y a de plus grand & de plus moral n'est que chimere sans l'esprit d'humiliation & d'aneantissement de soi-même. Les Païens ont pû raisonner quelquefois comme nous, puis qu'ils participoient comme nous à la raison : mais ils n'ont pû avoir l'esprit dont Jesus-Christ est le dispensateur, puis qu'ils ne connoissoient pas Jesus-Christ. Il ne vous reste plus qu'à garantir vôtre fils de la contagion de leurs peintures & de leurs descriptions.

Eugene. On lui montrera que l'imagination est la mere de la Poësie ; que ce qui fait que les Poëtes sont Poëtes, c'est que leur cerveau est disposé de maniere que le cours des esprits dont ils ont abondance en plie facilement les fibres ; & en y gravant de nouvelles traces toujours larges & profondes, en réveille une infinité d'autres déja faites ; que cela leur fait naître une infinité de phantômes dont ils se joüent, & fait en même tems qu'ils repreſentent toutes choſes au delà du naturel.

THEODORE. On ne peut mieux lui faire entendre qu'on ſe gâte l'imagination, lors qu'on ſe familiariſe trop avec eux. Il eſt bon auſſi de lui faire remarquer, que leur corruption ſe découvre principalement où ils paroiſſent avoir le plus d'eſprit. Car enfin on ne trouve rien mieux tourné, que les railleries de Perſe & de Lucien ſur la Religion du peuple ; & il eſt certain qu'ils étoient moins reglez que ceux qu'ils railloient. Ceux-ci dans leur superstition craignoient leurs faux Dieux ; & cette crainte mettoit des bornes à leurs passions. Mais les railleurs ne reconnoissoient point de loi, ils se croïoient superieurs à tout ; & par cela seul ils étoient plus abominables devant Dieu, que tout le reste du Paganisme.

EUGENE. Je souhaite fort que mon fils s'eleve au dessus des pensées du vulgaire ; mais je serois bien fâché qu'il s'avisât jamais d'en railler la Religion ; il faut ménager les foibles, & par des manieres serieuses les ramener à la solide pieté.

THEODORE. Faites-lui voir aussi que ce qu'on appelle esprit dans les Poëtes ne se soûtient pas toûjours ; & que souvent il leur est échapé des choses que le parterre siffleroit. Entre une infinité d'exemples qu'on en peut donner, vous souvenez-vous d'un endroit des Satyres d'Horace, où il dit qu'une *vieille femme* ^(Sat. 5.) *n'aiant pû échaper durant sa vie à un homme, qui l'avoit forcée à le faire son heritier, elle voulut qu'il la portât aprés sa mort sur son corps frotté d'huile, afin de luy échaper du moins à cette fois.*

EUGENE. Cette pointe est heureuse d'être ancienne.

THEODORE. Cependant il ne faut pas laisser négliger à vôtre fils les expressions vives & agreables, & les tours insinuans qu'on trouve dans les Poëtes, & qui peuvent servir à gagner les esprits.

EUGENE. C'est cet art de gagner les esprits que je voudrois bien que mon fils acquît, sans contracter les défauts ordinaires à ceux qui s'appliquent à l'éloquence.

THEODORE. Si l'on sçait bien le garantir des défauts des Poëtes, on le garantira bien aussi de ceux des Orateurs. Quand on lui en fera lire quelqu'un, qu'on separe toûjours ce qui fait la preuve d'avec ce qui n'en est que l'accessoire & l'ornement. Il connoîtra par là que souvent ceux qui font grand bruit ne disent rien.

EUGENE. Cette éloquence vuide de sens & de raisons ne me plaît pas.

THEODORE. C'est neanmoins souvent celle des Orateurs qu'on admire le plus. Quand, par exemple, Ciceron dans une de ses plus fameuses harangues, met l'Art militaire au dessus de la Jurisprudence, par cette raison qu'il tire de son Heros Ennius, *que la sagesse tombe de haut en bas au son de la trompette, que la raison n'est plus consultée, que c'est la force qui décide, & que la mine menaçante d'un soldat est alors plus estimable que la langue du plus excellent Orateur,* fait-il autre chose que du bruit ?

Tollitur è medio illa ipsa Domina rerum sapientia: vi geritur res. Spernitur Orator bonus, horridus miles amatur.

EUGENE. C'est comme s'il disoit que le métier de la guerre l'emporte sur tous les autres, parce que dans le tems des combats les hommes agissent comme des bêtes farouches, au lieu que dans la paix ils font ufage de leurs lumieres naturelles.

THEODORE. Cependant cette fauffe éloquence n'eft rien en comparaifon de l'orgueil qu'elle infpire. Comme elle n'eft fondée que fur de vaines idées, qui font lè principe de l'orgueil, elle l'augmente à proportion qu'elle fe fortifie ; & pour éloigner vôtre fils du précipice, vous n'avez pas d'autre parti à prendre que de lui montrer que la vraie éloquence confifte uniquement dans l'évidence de la preuve.

EUGENE. Ce lui fera une leçon qu'il ne pourra jamais foûtenir une mauvaife caufe fans être mauvais Orateur ; puifqu'il ne peut y avoir d'évidence dans la fauffeté. Mais enfin les hommes font faits de maniere

maniere qu'il faut de l'appareil pour les convaincre; & on ne peut douter que la pureté du langage, la fublimité du ftile, la beauté des expreffions, la varieté des figures, & la cadence des periodes ne faffent plus d'effet fur leur efprit, que les raifonnemens les plus exacts.

THEODORE. J'avouë qu'il y a peu de perfonnes qui fe connoiffent en raifonnnemens; & que c'eft à caufe de cela qu'il faut les furprendre charitablement, pour leur faire recevoir la verité: mais cela ne difpenfe pas un Orateur de la prouver folidement.

EUGENE. A quoi donc penfe-t-on d'enfeigner la Rhetorique aux jeunes gens avant la Dialectique? Puifque la Rhetorique n'est qu'un tissu de raisonnemens étendus & figurez, & que nos discours ne sont que des expressions de nos idées, il est certain que l'art de parler suppose celui de penser.

THEODORE. Les hommes se font des ordres d'étude comme il leur plaît : & ils ne consultent rien moins sur cela que la raison. Mais cette Dialectique dont vôtre fils a besoin, se doit trouver comprise dans toute la suite de son éducation.

EUGENE. Je le sçai bien, Theodore. Mais dites-moi, je vous prie, ce qu'il doit sçavoir afin de rendre la verité aimable aux autres, s'il est quelquefois obligé de la leur representer.

THEODORE. Il doit connoître l'homme.

EUGENE. Cette connoissance est bonne à bien des choses.

THEODORE. Elle est bonne à tout ; & sans elle on ne peut rien. Si vôtre fils sçait faire reflexion sur ce qui se passe en lui, examiner quelle impression les paroles des autres font sur lui, chercher la cause des divers sentimens qui suivent les divers tours, les diverses manieres, & les mêmes choses placées diversement, il deviendra bon Rheteur. Car il est certain que tout le secret de la Rhetorique consiste à réveiller de maniere les traces principales du cerveau de l'auditeur, que plusieurs autres qu'on appelle accessoires se réveillent en même tems ; &

qu'ainsi l'ame agreablement ébranlée par les idées qui en resultent, reconnoisse par un jugement favorable le plaisir qu'elle reçoit par le moïen du corps.

Eugene. Et les Livres des Orateurs à quoi serviront-ils ?

Theodore. A faire un discernement exact de ce qu'ils ont de foible & de solide, de la justice ou de l'injustice des causes qu'ils défendoient ; & à rechercher les fautes qu'ils ont commises dans l'art où ils se sont tant exercez. Car en un mot les Livres ne nous éclairent point par eux-mêmes; & ceux qui pensent plus qu'ils ne lisent sont toûjours les plus habiles.

Eugene. Vous auriez bien de la peine à persuader cela à

la plûpart de nos Orateurs : ils courent aprés toutes les pieces d'éloquence, & ne travaillent qu'à les imiter, sans penser seulement à ce que vous appellez des traces accessoires. Ils se remplissent la tête de certains mots & de certaines figures, ils cousent diverses pensées des Auteurs qu'ils ont lûs, ils apprennent par cœur avec bien de la peine, & puis vont debiter ce qu'ils appellent une Harangue, ou un Sermon.

THEODORE. C'est aujourd'hui le scandale de la Chaire. Mille gens y paroissent sans avoir étudié ni l'homme, ni la Religion : il faut bien qu'ils y debitent des fleurettes, & qu'ils y tâchent à persuader par l'agitation du corps, & par l'élevation de la voix. Mais que peut-il naître de ce debit que l'oubli de la parole de Dieu, & l'ignorance de soi-même ?

EUGENE. Venons à la Philosophie, Theodore.

THEODORE. Si vous voulez faire de vôtre fils un Docteur, faites-lui apprendre la Philosophie scholastique, & qu'il suive toutes les regles que la Sorbonne a marquées. Mais s'il est destiné à tout-autre chose ne vous tourmentez pas davantage pour le rendre Philosophe. Son éducation aura été pour lui une Philosophie continuelle, puisque vous lui aurez montré à juger des choses par leurs veritables idées, & non point par rapport à lui-même.

EUGENE. J'avouë que voila le

fond de la Philosophie : Mais cela n'apprend pas la Physique.

THEODORE. Cela du moins en ouvre le chemin ; & vôtre fils doit se contenter d'en sçavoir les principes generaux, sans vouloir creuser dans cette science qui dépend de faits & de phenomenes assez incertains, & dont la recherche ne regarde que certaines personnes. Il faut pourtant qu'il lise quelques bons Livres de Physique, & vous verrez que ce qui embarrasse beaucoup les autres, sera un jeu pour lui & un divertissement d'esprit.

EUGENE. Il me vient une pensée de l'accoûtumer peu à peu à considerer les merveilles de la nature, de lui montrer tantôt comment l'œil est fait, tantôt comment l'oreille eſt faite ; tantôt la fabrique du cœur, &c.

THEODORE. Rien n'eſt meilleur pour éclairer l'eſprit. Mais il faut exciter ſa curioſité, & lui faire regarder ce qu'on lui apprend en cela comme une recompenſe, & non pas comme une leçon. Cela peut le rendre Phyſicien avant même qu'il ſçache qu'il y a des Livres de Phyſique. Car en lui montrant, par exemple, les diverſes humeurs de l'œil, on peut lui faire voir que les raïons en y entrant s'écartent, ou s'approchent ; & tracent ainſi des images grandes ou petites ſur la retine. En lui montrant les deux cavitez du cœur, on lui fera comprendre comment par le moïen des veines

veines & des arteres qui y aboutiſſent, le ſang paſſe d'une cavité dans l'autre; & comment ſe fait cette circulation merveilleuſe qui entretient la vie de l'animal.

THEODORE. Qu'on n'oublie pas de l'entretenir auſſi quelquefois de la nature des parties qui compoſent le monde, & de l'ordre & des rapports qu'elles ont entr'elles. C'eſt par ces choſes generales qu'il faut le faire venir à la connoiſſance des effets particuliers.

EUGENE. Ce lui ſera ſans doute un divertiſſement ſolide d'apprendre ces choſes, quand il ſe promenera ſeul; par exemple, avec ceux qui ſeront chargez de ſon éducation. Je veux qu'alors on lui faſſe tout remarquer; qu'à l'occasion d'une campagne qu'on voit semée de fleurs & entre-coupée d'arbres & de ruisseaux, on lui fasse entendre qu'un peu de matiere poussée vers nos yeux, & qu'on appelle des raïons, peint tous ces divers objets sur nôtre nerf optique; que les ébranlemens divers de cette partie de l'œil sont suivis de diverses perceptions, par lesquelles nous découvrons la difference des objets, & leurs diverses distances. Je veux qu'en lui montrant des peintures on lui dise les raisons pour lesquelles un trait de plus ou de moins, telle ou telle attitude change si notablement les idées des spectateurs. Je veux que lorsqu'il aura entendu quelque Concert, on lui dise pourquoi tel ton charme l'oreille, & un autre la choque ; comment il se peut faire qu'un Musicien entre cent voix qui frappent en même tems le tambour de son oreille, distingue exactement celle qui a fait un faux ton, lui qui ne sçait pas seulement s'il a un tambour dans l'oreille : de même comment il arrive que nous entendons divers sons à la fois ; & que nous soïons agitez de diverses passions, qui s'expriment sur nôtre visage par rapport à tout cela. Je veux qu'on descende jusqu'aux insectes, & qu'on lui fasse voir qu'un petit raïon de lumiere n'a pas plûtôt débandé un des ressorts du corps du plus petit animal, qu'on levoit chercher ou éviter les choses qui sont utiles ou contraires à sa vie.

THEODORE. Ce sont des choses ausquelles on ne fait point de reflexion, & qui neanmoins sont plus admirables que les miracles mêmes. Car la guerison d'un aveugle ou d'un sourd ; la resurrection mê-me d'un mort montre-t-elle plus de sagesse & de divinité que cette distribution de couleurs qui paroît dans un instant quand nous ouvrons les yeux sur l'idée que nous avons de l'espace, que cette succession & cette varieté de sentimens que nous éprouvons si propres à la conservation de la vie, & de la societé civile, que cette Méchanique qui fait faire à de petits insectes des ouvrages reguliers, & travailler à tout ce qui est necessaire

de Theodore & Eugene. 211

pour leur confervation ? Affurément il n'y a que les ftupides qui demandent des miracles. Si vous joignez des Entretiens frequens de cette forte au refte de l'éducation de vôtre fils, je vous fuis garant que non feulement vous en ferez un admirateur de la Providence : mais encore qu'aprés avoir lû les Auteurs qu'on a coûtume de faire lire aux jeunes gens, il fera en état de lire tous les Livres des Philofophes ; & ni le fafte des Stoïciens, ni l'impieté des Epicuriens, ni tout ce qu'il y a de fenfible & d'imaginaire dans les autres fectes, ne fera point capable de lui impofer.

EUGENE. Je croi auffi que comme on lui aura fait fuivre les veritables idées des chofes, &

reconnoître les bornes de l'esprit humain, il ne donnera point dans les visions de ceux qui cherchent la quadrature du cercle, & la pierre philosophale, ou qui veulent deviner l'avenir par les conjonctions des Astres.

THEODORE. Tout cela est incompatible avec la vraie Philosophie. Vôtre fils n'aimera que les choses qui pourront lui servir à remplir les devoirs de son état, & à devenir solidement heureux. C'est la suite necessaire de l'éducation que vous lui donnez.

EUGENE. Ne seroit-ce point encore faute de cette sorte d'éducation que nous voïons tant de faux sçavans, tant de jeunes hommes, & même tant de vieux qui mettent toute leur science à reciter des vers, à reciter de longs passages des Historiens & des Orateurs, à parler de tout ce qu'ils ne sçavent point ?

THEODORE. Ceux-la sont les moins à plaindre. Mais que peut-on penser de ces amateurs de Tableaux, de ces curieux de Médailles & de Pourcelaines, qui mettent tout leur soin à garnir leurs cabinets ? Peut-on dire qu'on a donné à ceux-là la connoissance des vrais & des faux biens ? Qu'esperent-ils répondre au Jugement de Dieu quand il leur sera reproché que pour quelques morceaux de terre blanche & bleuë, & quelques pieces de vieux métal ils ont négligé les loix de la charité Chrêtienne ? Vous jugez bien,

Eugene, que je ne prétens pas ici faire main-basse sur tous les cabinets : il doit y en avoir où l'on voie les merveilles de l'Art & de la Nature ; & des Antiquitez qui nous instruisent. Je n'en veux qu'à ces particuliers qui ne cherchent & ne parlent que Médailles, & à qui tous les bijoux du monde ne suffiroient pas.

EUGENE. Ah ! Theodore, ce qu'on appelle raison & justice, ne sont que des mots pour ces gens là : ils pretendent qu'il n'y a rien de plus innocent que leur curiosité ; & ils regardent celui qui n'est pas de leur goût comme un esprit singulier.

THEODORE. C'est pourtant le langage du sens commun de dire, que c'est une espece de phrenesie d'aimer mieux emploïer mille pistolles en Tableaux que de donner un écu à un pauvre, qui est nôtre frere en Jesus-Christ, & de même nature que nous. Mais je sçai bien qu'il est inutile de leur parler du dereglement de leur esprit. Ils sont trop contens d'eux-mêmes pour écouter les avis qu'on pourroit leur donner; & aprés tout c'est une necessité que l'esprit s'arrête à ces vains amusemens quand on n'a fait que de fausses études. Car de quoi s'occuperoit-on n'aïant idée d'aucune chose? Le vrai & le faux, le juste & l'injuste paroissent alors d'une valeur égale; comme il arrive dans une nuit obscure, où tous les objets sont de même couleur, parce qu'on n'en voit point du tout. Dans cette difpofition le parti qui femble le meilleur, c'eft de contenter les fens & l'amour propre ; & de railler ceux qui en appellent à la raifon.

EUGENE. Ce fruit funefte des fauffes études s'eft prodigieufement étendu ; & cela me fait penfer qu'il feroit avantageux à bien des gens de n'avoir jamais étudié. Car ceux qui ne fe font mélez de fcience en aucune maniere, refpectent du moins la verité & la juftice fur la parole de ceux qu'ils croient fçavans : Mais ces gens de fauffes études joignent à leur ignorance une bonne opinion d'eux-mêmes, qui fait qu'ils s'oppofent à tout ce qu'ils n'entendent point.

THEODORE. Tout cela n'eſt que trop vrai : & je croi qu'il n'eſt pas neceſſaire de rechercher davantage les ſciences dont vôtre fils a beſoin. Demain nous trouverons la matiere de quelque-autre Entretien ſur ce qui le regarde.

VIII. ENTRETIEN.

Les exercices du corps font neceſſaires. D'où vient qu'ils plaiſent tant aux jeunes gens. Les maux qui en arrivent. Moïen de les éviter. Ce qui eſt neceſſaire pour voïager utilement. Le danger qu'il y a d'élever trop délicatement les enfans. L'ordre eſſentiel de leur éducation. Dieu ſe contente de ce que nous pouvons faire L'importance de pouvoir occuper ſon eſprit des choſes pour leſquelles il eſt fait.

EUGENE. JE voi preſentement la maniere d'ouvrir à mon fils le chemin de la ſcience & de la vertu : Mais vous ſçavez, Theodore, qu'il faut qu'un jour on le mette dans les exercices qui ne permettent gueres aux jeunes gens de rentrer en eux-mêmes, & de rappeller les bons principes qu'on leur a donnez.

THEODORE. Vous ne doutez pas, Eugene, que les éxercices du corps font necessaires. L'on est plus propre à devenir utile aux autres, quand on a bonne grace ; & on doit principalement à la guerre, sçavoir manier des armes & un cheval. Vous sçavez aussi qu'il faut s'occuper de ses devoirs, & songer à ce que l'on est. On ne doit donc pas croire que ces choses soient incompatibles : autrement l'Auteur de la nature nous demanderoit plus que nous ne pouvons faire. Assurément les jeunes gens ont une passion surprenante pour tout ce qui éxerce le corps ; l'abondance de leurs esprits, qui trouvent une infinité de petits canaux par où mille ressorts ajustez divinement les font passer, pourroit seule causer en eux une infinité de mouvemens & de saillies: mais de plus ils trouvent un plaisir extréme à s'agiter. Cela doit être ainsi pour la conservation de la vie. Car il est certain que les humeurs s'épaissiroient & se corromproient dans le corps d'un enfant, si par beaucoup d'agitation elles ne se faisoient pas des passages & ne facilitoient pas leur circulation.

EUGENE. Vous m'avoüerez aussi que c'est là le principe ordinaire de la stupidité. Comment ferons-nous pour que mon fils s'éxerce autant qu'il est necessaire pour sa santé, devienne adroit, & ne soit point stupide?

THEODORE. Qu'on ne l'entretienne point d'équipages, de chiens, de chevaux, avant que son esprit soit formé; qu'on éloigne au contraire, les idées qu'il en peut avoir, en lui parlant comme si tout cela n'étoit point fait pour lui. Vous devez dés à present faire venir de tems en tems un Maître à danser pour lui former la contenance ; mais attendez qu'il ait achevé ses études avant que de lui découvrir les exercices d'éclat; autrement son ame emportée par le plaisir se répandra toute de ce côté-là, & on ne pourra lui apprendre les choses essentielles.

EUGENE. Qu'esperent donc ceux qui donnent à leurs enfans, tout jeunes & tout petits, un attirail de chasse ; & qui les exposent dans les grandes assemblées aux Bals & à la Cour?

THEODORE. Ils veulent les faire regarder de bonne-heure. Je leur conseillerois après cela, de les délivrer de la peine de lire des Auteurs, & d'entendre parler de la vertu. Car quelle attention peut avoir un pauvre enfant au Latin de Tacite, ou aux Vers d'un Poëte obscur, lors qu'il a encore la tête toute remplie du bruit des chiens & des cors, ou qu'il sçait qu'il en sera bien-tôt environné dans une plaine? Quel goût peut-il avoir pour les vrais biens, quand il revient du païs du faste & des plaisirs? Le Latin & les raisonnemens lui sont alors furieusement incommodes, & ne sont propres qu'à
le

le desoler. Mais enfin on veut joindre ces choses, quelque opposition qu'elles aient entre elles.

EUGENE. Ce qu'il y a de plus pitoïable, c'est que des parens sont étrangement abusez par les applaudissemens qu'on donne à leurs enfans exposez de cette sorte. On leur dit que ces enfans ont bonne mine, qu'on voit un air noble dans toutes leurs actions, qu'on est charmé de leur esprit, & de la liberté avec laquelle ils se produisent.

THEODORE. En voila trop pour charmer des parens. Aussi voïons-nous qu'ils mettent toute leur application à tourner de plus en plus leurs enfans dn côté qu'on admire ou qu'on fait semblant d'admirer ; &

qu'ils ne regardent plus l'étude & les instructions sur la Religion, que comme des choses qu'il faut donner à la coûtume. Cependant ils reviennent quelquefois à eux ; & protestent qu'ils entendent que leur fils apprenne quelque chose de plus solide que de sçavoir courir & tirer un liévre, & faire quelques complimens ou quelques pas mesurez.

EUGENE. Je m'imagine que ce retour est incommode au Precepteur. Car apparemment ils n'ont pas égard aux empêchemens qu'ils mettent à la bonne éducation de leur fils; ils veulent quelque chose qu'ils fassent, qu'on leur en soit garant.

THEODORE. C'est l'injustice ordinaire des parens de s'attri-

...Culpa docentis scilicet arguitur quod læva in parte mamillæ nil salit arcdico juveni.
Juven. Sat. 11.

buer à eux-mêmes tout ce qu'il y a de bon dans leurs enfans; & quand par leur faute ils n'en sont pas contens, de s'en prendre à ceux qui les instruisent. Je sçai bien, Eugene, que vous n'êtes pas de ces gens-là ; & que connoissant clairement, comme vous faites, combien les éxercices du corps sont contraires à ceux de l'esprit, vous vous contenterez de laisser prendre à vôtre fils les divertissemens que l'activité de son sang demande ; que vous ne l'exposerez point trop dans le grand monde, & que vous differerez jusqu'à l'âge de raison les éxercices qui sont necessaires pour les emplois qu'il doit avoir un jour.

EUGÈNE. Mais ces éxercices ne dissiperont-ils point tout ce

qu'on leur aura appris de meilleur & de plus neceſſaire ? Si l'ame ſe tourne toûjours du côté où elle trouve le plus de plaiſir, j'ai grand' peur que la raiſon ne tienne pas contre les airs de Chevalerie qui flatent d'une ſi étrange maniere l'orgueil des jeunes gens.

THEODORE. Vôtre fils ne fera pas un Saint pour avoir de bons principes dans la tête & toûjours preſens à l'eſprit; il faut quelque choſe de plus, vous n'en doutez pas, pour faire des Saints. Mais vous devez auſſi être certain, qu'ayant bien appris ce qu'il eſt, ayant eſté bien inſtruit de ſes devoirs, & ſçachant à quoi ſon ame eſt deſtinée, il regretera le tems qu'on donne aux éxercices du corps, & ne s'y attachera que parce que le bien public & la focieté civile le demandent de lui.

Eugene De cette maniere ce ne feroit pas fon corps qui entraîneroit fon efprit, ce feroit la raifon qui regleroit toutes les démarches de fon corps, Mais.....

Theodore. Je fçai ce qui vous alarme ; c'eft que vous voïez la plufpart des gens de guerre, & des jeunes Academiciens, toûjours prêts à lever le bras, fe mutiner au moindre figne, & fe piquer étrangement d'une fauffe valeur. Mais cela vient de ce qu'ils n'ont jamais fait ufage de leur efprit, que pour les éxercices du corps ; de forte que leurs efprits animaux, à force de repaffer par les mêmes chemins, les ont rendu larges & spacieux, & sont d'abord déterminez à couler dans les canaux & à remuer les ressorts qui font faire des insultes. Mais comme l'éducation de vôtre fils sera differente de celle de ces gens-là, assurez-vous aussi qu'il aura des manieres toutes differentes; & que s'ils ne suivent qu'une impetuosité aveugle, ce sera la raison qui reglera tous ses mouvemens. Car enfin il connoîtra la nature des deux substances dont il est composé, les interêts de l'une & de l'autre: & il ne pourra negliger la plus considerable, sans ressentir des reproches pressans que les brutaux n'éprouvent point, & qui ne peuvent être toûjours inefficaces.

EUGENE. Et quand il aura

achevé ſes éxercices, pourra-t-on le faire un peu voïager?

THEODORE. Ce qui eſt à craindre en cela pour les autres, ne ſera point à craindre pour lui. Vous voïez que la plûpart des jeunes gens qui ont fait des voïages, ſemblent ne s'être éloignez de leur climat que pour ſe diſſiper davantage, & ſe rendre l'eſprit plus inconſtant & plus leger : c'eſt qu'ils ont voïagé ſans avoir eû les inſtructions neceſſaires aux voïageurs, ſans ſçavoir converſer avec les hommes, & ſans être en état de comprendre les raiſons des differens uſages & des diverſes Religions des Peuples : de ſorte que ſur des experiences pretenduës, ils ont crû que ce qu'on appelle juſte & injuſte, n'étoient que des inventions de l'esprit humain, & ils se sont abandonnez à leurs imaginations. Mais vôtre fils connoissant l'homme & la Religion, ne sera étranger en aucun lieu ; & fera un juste discernement de ce qu'il y a de bon & de mauvais en tout païs. Mais en destinant vôtre fils, comme vous faites, aux fatigues de la guerre & des voïages, avez-vous soin de lui donner une nourriture qui lui fasse un corps vigoureux & robuste.

EUGENE. On ne lui donne rien à manger qui ne soit bon pour la santé.

THEODORE. Cela ne suffit pas. Il faut l'accoûtumer à pouvoir vivre de ce que mangent les Païsans ; & se défaire de toutes ces précautions desquelles

tant

de Theodore & Eugene.

tant de gens font dépendre la conservation de leur vie. Peut-être que leur nourriture trop délicate les assujettit en effet à de frequens remedes. Mais qu'arrive-t-il aux jeunes gens élevez dans cette délicatesse? Leur corps ne se fortifie pas assez pour porter les grands exercices ; & comme ordinairement leur ardeur naturelle les transporte, ils vont au delà de leurs forces, ils deviennent infirmes ; & courent risque de disparoître dans le tems qu'on vouloit les faire paroître dans le monde avec éclat.

EUGENE. Cela me fait trembler. Car que peut alors devenir un enfant dont l'esprit & le cœur n'ont point été tournez vers Dieu? Vous le sçavez, Theodore, les jeunes gens malélevez sont plus malins & plus tournez vers les creatures que ceux dont l'âge a fortifié le cerveau, & que l'experience a un peu defabusez.

THEODORE. Vôtre crainte n'eſt pas ſans fondement. On ne peut pas dire d'eux que la mort a prévenu la malice, dont leur cœur étoit menacé; & ils éprouvent indubitablement toute la rigueur des jugemens de Dieu. Vous tirerez vôtre fils de ce danger, pourvû que vous ne ſongiez d'abord qu'à perfectionner ſon eſprit, qu'à lui faire connoître ce qu'il eſt, & ce qu'il doit être, & à lui donner les ſentimens de la juſtice & de la Religion. Vous en ſçavez la maniere.

EUGENE. Vous aurez peut-être remarqué que je ne vous

ai pas consulté sur son éducation, afin que vous approuvassiez ce que j'en pensois : mais afin de prendre les mesures necessaires pour la rendre Chrêtienne & capable de le soûtenir dans la suite parmi les dangers qui nous environnent. Je puis vous assurer aussi que j'observerai exactement les regles que vous m'avez données. Le tems des études de mon fils, de ses prieres & de ses divertissemens sera marqué. On reglera même celui de son repos & de ses repas, afin de l'accoûtumer à suivre l'ordre en toutes choses.

THEODORE. L'ordre de ces choses exterieures n'est pas d'une grande importance : & il n'est pas toûjours avantageux de s'y assujettir. Il faudra faire étudier vôtre fils plus ou moins selon la disposition où l'on trouvera son esprit ; & s'il est dans une inapplication involontaire, le rappeller par quelque chose de divertissant, ou prendre quelque pretexte de lui faire fermer ses Livres. Pour ses prieres elles ne doivent pas être longues, sa vivacité les rendroit inutiles par l'inattention. Il faut seulement quand l'horloge sonne le faire souvenir que Dieu est present, & qu'il demande tous les mouvemens de nôtre cœur. A l'égard du manger, du dormir, & des divertissemens, c'est à la prudence de son Gouverneur à en regler le plus ou le moins. Tout cela doit être mesuré sur les besoins presens, & non pas sur une veuë generale. L'ordre qu'il faut qu'il suive, c'est d'aimer chaque chose à proportion qu'elle est aimable; c'est de preferer son devoir à son plaisir; c'est de s'appliquer à tout ce qui peut lui faire remplir dignement son emploi.

EUGENE. Je vous accorde que c'est l'ordre essentiel.

THEODORE. C'est aussi celui qu'on néglige fort dans le monde. On aime l'ordre dans toutes les choses sensibles, dans les ameublemens, dans les habits, dans les repas, dans la musique; mais on n'en veut plus quand il s'agit des mœurs & de la conduite de la vie. Vous souvenez-vous aussi de cet homme, qui s'imaginoit avoir bien élevé sa fille, precisément parce qu'il lui avoit fait apprendre à bien danser, à joüer des instrumens avec délicatesse, à peindre en mignature, à chanter & à dire de jolies choses. Vous l'auriez fait rire, si vous lui aviez dit que quelque-autre chose est necessaire pour perfectionner l'esprit.

EUGENE. Il est vrai que toutes ces qualitez se terminent au corps, & ne rendent l'esprit ni plus juste, ni plus reglé. Mais cela me fait naître une difficulté à laquelle je vous prie de répondre. Les femmes ont des ames qui participent à la raison aussi bien que les hommes. Cependant on ne peut leur donner l'éducation dont nous venons de voir l'importance. Faut-il les abandonner à leur imagination ? Et même combien y a-t-il de jeunes hommes qu'on puisse élever comme mon fils, auprés duquel je puis mettre tous les plus habiles gens qu'on peut trouver ?

THEODORE. Si les femmes ne peuvent pas apprendre à raisonner par principes, à cause que la bien-séance ne leur permet pas de se servir des secours necessaires pour cela, elles peuvent du moins apprendre à éviter ce qui donne trop l'esprit du monde ; & une mere de bon exemple, qui sçait occuper sa fille dans des ouvrages innocens, qui ne la produit qu'autant qu'il est necessaire pour lui faire un établissement honnête, & qui lui fait lire de tems en tems de bons Livres, produit le même effet pour son ame que le plus sçavant homme du monde auprés de vôtre fils. C'est qu'il suffit de faire tout ce que nous pouvons pour que Dieu fasse le reste. Ceux qui par le malheur de leur naissance ne trouvent personne qui leur ouvre l'esprit, & qui les tire de l'aveuglement où le vulgaire est plongé, sont à plaindre ; ils ne peuvent faire que ce que leur Curé leur dit : & vous avez vû comment ils le font. Mais ceux qui parmi tous les avantages que la nature peut donner, ne travaillent que pour le plaisir & pour la vaine gloire, ne cultivent que leur corps, ne cherchent que ce qui l'accommode, & négligent la nourriture de l'ame, la connoissance de la verité & de la justice, sont exposez au dernier malheur.

EUGENE. De bonne foi c'est mon étonnement qu'il y ait des gens qui cherchent leur perfection dans ce qui fait tout le merite d'un Comedien ou d'un Danseur.

THEODORE. C'est encore par cette raison qu'il faut de tems en tems humilier vôtre, fils en le faisant souvenir que s'il ne s'éleve de plus en plus par son esprit, & par l'amour de la justice, il sera toûjours fort inferieur à ceux qui lui apprennent la danse ou le manége. Mais sur tout qu'on l'empêche de tomber dans l'illusion commune à tous les gens du monde, qui ne peuvent souffrir ceux qu'on appelle glorieux ; & qui cependant ne cherchent que la gloire. Qu'on lui fasse voir qu'il n'y a que deux especes de gloire, celle qu'on rend à Dieu, & celle qu'on s'attribuë à soi-même: que si ce n'est pas la premiere qui fait les glorieux, c'est la seconde; & qu'ainsi celui qui ne travaille que pour sa propre gloire est un homme méprisable au jugement même du monde superbe.

Eugene. J'espere, Theodore, nourrir tellement mon fils des principes de la Religion, qu'il ne s'attribuëra rien à lui-même; & que quand il seroit tout éclatant aux yeux des hommes, il en rapportera toute la gloire à Dieu; qu'il connoîtra les vrais biens, & qu'il sçaura s'en occuper.

Theodore. C'est le moïen

qu'il ne s'ennuïe jamais.

EUGENE. Un Poëte Païen dit, qu'il se desennuïoit en consultant l'ordre de ses devoirs. *Quand je suis seul, dit-il, je ne me manque point à moi-même ; je cherche ce qui est le mieux, & je me dis, en faisant cela je vivrai plus sagement, & je me rendrai utile à mes amis.* Cette action d'un tel sonne mal dans le monde, serois-je assez imprudent pour faire la même chose ? Un autre dit : Qu'un homme sage doit chercher sans cesse ce que Dieu demande de lui, & ce qu'il doit faire pour bien remplir la place qu'il a dans le monde. Quelle honte à des Chrêtiens de ne pouvoir s'occuper ainsi ? & d'être obligez d'aller chercher des passe-tems pour consumer une vie

... Neque enim cū lectulus aut me. Porticus? excepit, desum mihi. Rectius hoc est ; hoc faciens vivā melius : sic dulcis amicis occurram. Hoc quidam non bellè. Nunquid ego illi imprudēs olim faciam simile ? Horat. Sat. 4.

... Quem te Deus esse jussi., & humanâ quâ parte locutus es in re. Pers. Sat. 3.

dont ils sont idolâtres, & que Dieu ne leur a donnée que pour travailler à leur éternité.

THEODORE. On peut appeller cela se donner tout, & se dérober tout à soi-même. Mais vous remarquâtes fort bien dernierement, que l'éducation qu'on donne à la jeunesse ne lui ouvre pas d'autre chemin. Car peut-on s'occuper de ce qu'on ne sçait pas? Peut-on rechercher, peut-on aimer ce qu'on ne connoît pas? Un homme va souvent au cabaret, & voudroit toûjours y être, parce que le vin le réjoüit & releve son courage & ses esperances; au lieu qu'il est dans l'abbattement & dans le chagrin, quand il ne voit que sa propre figure, ou les paſſans. Celui-ci n'a que les chevaux, la chaſſe, les bâtimens, ou la galanterie en tête : l'autre eſt tous les jours à l'Opera, ou à la Comedie, & ne ſe laſſe point de voir & d'être vû C'eſt qu'il eſt deſolé, & qu'il ne ſçait que faire de ſa perſonne quand il eſt à lui-même. Peut-être eſt-ce par cette raiſon que dans les Villes les mieux policées on ſouffre tant de jeux & de divertiſſemens publics, afin de donner par là quelque eſpece de nourriture aux eſprits mal cultivez, qui faute d'amuſemens ſe tourneroient contr'eux-mêmes peut-être d'une maniere encore plus dangereuſe qu'ils ne font par rapport à la ſocieté . . . . .

L'Entretien de ces deux Amis fut rompu par une affaire impreveuë ; & ils ne pûrent se revoir que long-tems aprés : mais heureusement ils achevoient ce qu'ils s'étoient proposé.

RÉPONSE
DE THEODORE
A UNE LETTRE
DE THEOTIME,
QUI LE CONSULTOIT
sur les instructions qu'il faloit donner à un de ses enfans qu'il destinoit à l'Eglise.

Vous le voulez, Theotime; il faut vous obéir. Mais est-ce celui qui donne de plus grandes esperances dont vous voulez faire un Abbé ? A-t-il de la douceur ? Paroît-il être d'humeur à bien travailler un jour ? Vous sçavez qu'il ne faut

faut pas donner à Dieu ce que vous ne voudriez pas donner au monde ? Mais vos intentions font-elles bien pures ? Ne fongez-vous point plus à maintenir vôtre famille qu'à donner un bon Miniſtre à l'Egliſe ? N'enviſagez-vous point déja les grands Benefices que vôtre nom & vôtre credit peut faire donner à vôtre fils ? Si cela eſt ainſi, je vous plains tous deux. Car il eſt manifeſte que l'eſprit du monde vous anime, & que vous ne vous mettez pas en peine de ce qui regarde la maiſon du Seigneur, pourvû que la vôtre s'augmente & s'enrichiſſe : ce qui eſt le comble de l'injuſtice & de l'impieté.

Je ſuppoſe, Theotime, ce que j'ai toûjours reconnu en vous, que vous êtes un bon Chrêtien,

Chrêtien, & que vous ne preferez pas la terre au Ciel. Vôtre fils est presentement au nombre des Clercs. Il a pris le Seigneur pour son partage. C'est tout de bon apparemment. Si vous voulez qu'il tienne sa promesse, & ce que vous avez promis pour lui, separez-le dés aujourd'hui du commerce du monde. Bien des choses sont permises aux autres enfans, qu'on ne lui doit plus permettre. Et rien n'est plus opposé à l'esprit de sa vocation que les jeux, les assemblées, & les divertissemens de la Cour.

Il ne faut pas là-dessus alleguer la coûtume & l'approbation qu'on donne à ces Abbez qui sont tous les jours dans les belles compagnies, & qu'on y regarde comme de galans hommes, parce qu'il ne font rien de grossier, & qu'ils font tout de bonne grace. Si vôtre fils devenoit semblable à ceux-là, il ne seroit point Ministre du Seigneur, & il feroit plus de mal que ceux dont la vie est choquante ; parce que le scandale d'un homme qu'on approuve, est toûjours plus puissant, que celui d'un homme dont la conduite fait horreur.

Cet Abbé qui plaît à tout le monde, ne lui plaît que parce qu'il a des manieres sensibles ; qu'il jouë, qu'il chante, qu'il dit le bon mot, & qu'il vit en homme de qualité : c'est à dire, qu'il fait beaucoup de dépense en équipage, en habits, en presens, à traiter ses amis. Mais est-ce l'usage qu'il faut faire d'un bien que les Fideles ont laissé pour le soulagement des pauvres ? Peut-on en retenir au de-là de ce qui est necessaire pour une vie Apostolique ? Et un homme qui s'est tout donné au Seigneur, peut-il ainsi se donner tout à lui-même ? Le monde aime tout ce qui lui convient. Mais si vôtre fils plaît au monde en suivant ses maximes, il ne sera point serviteur de Jesus-Christ.

Que vôtre foi vous mette devant les yeux l'état où il sera au Jugement de Dieu, lorsqu'il sera obligé de rendre conte de son administration. Sera-t-il approuvé d'avoir en toutes choses contenté son amour propre, pendant que tant de pauvres gemiſſoient dans une extrême miſere ? Je ne puis le diſſimuler, s'il regarde le bien dont il n'eſt que le diſpenſateur, comme un bien qu'il peut emploïer aux uſages que bon lui ſemblera, il eſt perdu. D'un précipice il tombera dans un autre, du luxe dans la ſimonie, & de la ſimonie dans l'impenitence.

Pour éloigner ce malheur, en ſéparant vôtre fils de la route commune des Abbez qui vivent comme s'ils n'avoient nul engagement particulier, qu'on l'entretienne ſouvent de ſon état, par lequel il eſt obligé de mépriſer tous les biens de la fortune, à moins qu'il ne pretende que Dieu même qu'il a pris en partage ne lui ſuffit pas ; qu'on lui montre que c'est un état qui nous rend contables de la conduite des autres, & qui oblige à répandre par beaucoup d'œuvres de charité & de justice, l'odeur de JESUS-CHRIST.

Vôtre fils n'est plus à vous, Theotime : il est à l'Eglise, vous devez lui en inspirer l'esprit, & emploïer une partie du tems que les enfans destinez pour le monde passent en divertissemens, à l'instruire des devoirs d'un Ecclesiastique : Peut être même seroit-il à propos de lui retrancher quelque chose des études ordinaires pour des leçons de cette importance. Celui qui est né pour la guerre doit de bonne heure en apprendre le métier : aussi ne manque-t-on pas de le tourner tout entier de ce côté-là. Pourquoi donc n'inſtruit-on pas les enfans nez pour l'Egliſe ſur ce qui la regarde ? Vous devez tous les jours faire apprendre à vôtre fils quelque choſe de la diſcipline Eccleſiaſtique, quelque Canon, quelque paſſage des ſaints Docteurs touchant le miniſtere des Autels, & la diſtribution & l'uſage des Benefices. Mais il faut qu'on ait ſoin de lui en donner l'intelligence. Car ce qu'on n'apprend que par memoire ne fait pas beaucoup d'impreſſion ſur l'eſprit.

La ſimonie eſt ce qu'il y a de plus à craindre pour lui. Comme le bien du Crucifix eſt communément emploïé aux mêmes uſages que les richeſſes prophanes, on n'en voit point la difference. Vous ſçavez ce qui ſe paſſe dans l'Egliſe, combien de vendeurs & d'acheteurs la défigurent par leur attachement aux biens de la terre. Que ne font-ils pas pour échaper à la connoiſſance des hommes, pendant que Dieu du haut de ſon Tribunal voit & juge le trafic honteux qu'ils font des choſes ſaintes, leurs confidences criminelles, leurs injuſtes acceptions de perſonnes, & leurs artifices déteſtables ? Faut-il que les pauvres languiſſent pendant que leur patrimoine eſt ainſi tranſporté d'une main dans une autre ; & que les indignes & les ennemis de la Croix & de la penitence s'en engraiſſent !

Montrez à vôtre fils, Theotime, que ſi Dieu ſouffre des abus ſi déplorables, & de ſi étranges prophanations, c'eſt qu'il attend que les impies aient comblé la mesure, & qu'en exerçant sa clemence, il voit que le jour de ses vangeances suffira pour faire éclater sa justice. Montrez-lui que le poison de la simonie se répand sous les apparences de reconnoissance, de justice, de charité; que c'est sous de si beaux pretextes qu'on laisse entrer le loup dans la bergerie, afin qu'il y fasse impunément le degast. Ah! si vous garantissez vôtre fils de ce poison funeste, vous lui aurez fait en même tems acquerir toutes les vertus Ecclesiastiques, le desinteressement qui fait tant d'honneur à un Prélat, la liberalité Chrêtienne qui ouvre la maison & la bourse d'un Pasteur à tous les gens de bien,

le

le ménagement du patrimoine des pauvres, l'application à ne donner que de bons Pasteurs à l'Eglise, le mépris de toutes les grandeurs humaines. Un Ecclesiastique sans ces dispositions est un mercenaire : mais elles ne suffisent pas. Vôtre fils doit avoir pour ainsi dire, la clef de la science. Il faut qu'il apprenne à défendre la Religion contre les Heretiques, les Infideles & les impies. Voïez à quelle étude cela l'engage. Mais que cela ne vous effraïe pas. Quand on regarde en gros les choses qu'il est obligé de sçavoir, on desespere d'y parvenir : mais quand on s'y applique successivement, & par ordre; on en vient à bout facilement.

Si vôtre fils est obligé par

Z

son état à étudier plus que les autres, on a aussi plus de tems pour l'instruire : tout celui que les autres emploient aux éxercices du corps peut être emploïé à lui apprendre sa profession ; & on peut encore lui ménager bien d'autres momens, puisqu'elle le dispense des engagemens de ceux qui sont nez ou pour la robe, ou pour l'épée.

En ménageant bien son tems on trouvera moïen de lui apprendre les Langues par lesquelles on éxamine les Livres de l'Ecriture, & des divers Docteurs dont les Livres ont rapport à la Religion, afin qu'il puisse la défendre au besoin ; & on lui apprendra les principes de raison par lesquels on confond l'heresie & l'impieté. La Philosophie sans les faits qui s'apprennent par le moïen des Langues, n'est qu'une demie science; & les faits sans la Philosophie ne produisent pas de grands effets. Il faut qu'un Ecclesiastique joigne ces deux choses pour faire tout l'honneur qu'il doit à son ministere.

Il faut de tems en tems le mener dans les Bibliotheques, lui montrer les Ouvrages des saints Docteurs, & tous les Livres anciens; lui dire dequoi on y traite, pourquoi ils ont été écrits, & ce qu'il y a de bon ou de mauvais : lui marquer une autre fois la maniere de s'en servir, &c. Cela ne lui chargera point la memoire ; & insensiblement il apprendra tout ce qui est necessaire pour se mettre en état de réussir dans la dispute. Qu'elle lui recommande entr'autres choses de ne se pas faire une affaire de remplir sa tête d'un grand détail de faits. Ils sont aussi bien dans les Livres que dans son cerveau, puisqu'il les ouvre quand il lui plaît. On doit reserver la tête pour raisonner & pour mettre de l'ordre dans les choses; c'est tout ce qu'on en peut desirer quand elle sert à cela. Il suffit de sçavoir que tels & tels Auteurs ont traité de telles choses en tels Traitez.

Je pense que de tout cela vous concluez sans peine, que la vie de vôtre fils se doit passer dans l'étude, dans la priere, & le travail. Je sçay que son âge le dispense presentement de beaucoup de meditation ; & lui permet certains amusemens.

Mais il doit étudier & travailler à sa maniere. Il faut que presentement il se fasse un grand fond de vertu par l'éloignement des pompes & des plaisirs du monde ; & qu'il se remplisse des principes de la Religion, afin d'en être dans la suite une ferme colomne, & de contribuer à l'avancement du Roïaume de Jesus-Christ. C'est sa vocation, Theotime, l'Eglise ne le reçoit qu'à ces ces conditions au nombre de ses Ministres. Si la tendresse paternelle s'y oppose, elle commet un attentat. Donnez vôtre fils au monde, si vous voulez qu'il suive le monde dans ses voies & dans ses maximes. Mais si vous le donnez à Jesus-Christ, & à l'Eglise, si vous en faites le dispensateur des aumônes que les Fideles ont laissées pour satisfaire pour leurs pechez, je vous laisse juger de vos obligations.

Je vous ai ouï dire tant de fois, Theotime, que la souveraine sagesse de la vie presente, ce qui se doit appeller le bon sens, c'est de sçavoir l'ordre de nos devoirs, & d'y demeurer fortement attachez dans la situation où la Providence divine nous a mis. Souvenez-vous de cette parole. Celui qui abandonne cette situation, ou qui en y demeurant fait tout ce qui est contraire à son état, est un insensé & un deserteur, qui a perdu la marque qu'il faut avoir pour entrer dans la Terre des vivans.

Que diriez-vous si les amusemens & les affaires du siecle

faisoient perdre à vôtre fils la Ville celeste dont il est le citoïen & le ministre ici-bas. N'aimez-vous pas mieux dans la profession que vous lui faites embrasser, le voir toûjours prier, travailler, consoler les pauvres, donner bon exemple, qu'emploïer son tems à livrer de plus en plus son cœur au monde, & à multiplier les chaînes fatales qu'on ne peut pas même rompre à la mort ? C'est à vous à consulter vôtre cœur, à comparer vos veuës avec la Loi vivante & éternelle qui doit être la regle de vôtre conduite, & de celle de vôtre fils. Ne cherchez point de faux fuïant. Car on a beau se tromper soi-même, on ne sçauroit tromper le juste Juge, le scrutateur des cœurs & des intentions les plus cachées. Et souvenez-vous toûjours que cette même Loi, que chacun est obligé de consulter pour remplir les devoirs de son état, sera celle par laquelle nous serons jugez, par laquelle nous serons introduits dans la splendeur des Saints ; & de laquelle il doit sortir un feu devorant qui consumera éternellement les ames infideles & adulteres. Ceux qui n'aiment que le monde, & qui regardent la Religion comme un phantôme, ne pensent point à tout cela. Mais en supposant que les revenus & les dignitez de l'Eglise sont des biens qui appartiennent à JESUS-CHRIST ; je soûtiens qu'il n'y a pas d'homme assez aveugle pour ne pas voir la verité de tout ce que je viens de dire ; & que la pauvreté d'esprit, l'application, le travail, le renoncement à soi-même est le partage d'un Ecclesiastique, quelque naissance & quelque rang qu'il puisse avoir. Je suis, &c.

FIN.

EXTRAIT DU PRIVILEGE du Roy.

PAr Grace & Privilege du Roy: Il est permis à EDME COUTEROT, de faire imprimer un Livre intitulé, *Entretiens sur ce qui forme l'Honnête Homme & le vrai Sçavant*, composé par le Sieur DE LELEVEL; en tel Volume, marge & caractere qu'il voudra, durant le tems de six années, à compter du jour que ledit Livre sera imprimé & mis en vente pour la premiere fois; avec défenses à tous Imprimeurs, Libraires, & autres, de l'imprimer ni contrefaire, sous quelque pretexte que ce soit, que du consentement dudit Exposant; à peine de trois mil livres d'amande, confiscation des Exemplaires contrefaits, & de tous dépens, dommages & interêts, ainsi qu'il est plus amplement porté par lesdites Lettres de Privilege. Donné à Paris le vingt-quatriéme jour de Decembre 1689. Signé, Par le Roy en son Conseil, BOUCHER.

Regiſtré ſur le Livre de la Communauté des Libraires & Imprimeurs de Paris, le 3. Fevrier 1690. Signé P. TRABOÜILLET, P. AUBOUYN, C. COIGNARD, *Adjoints*.

Achevé d'imprimer pour la premiere fois le 25. Fevrier 1690.

Reliure serrée

www.ingramcontent.com/pod-product-compliance
Lightning Source LLC
Chambersburg PA
CBHW070822170426
43200CB00007B/864